みのひだ雑学

松尾一

岐阜新聞社

はじめに

飛騨、郡上八幡、道三、信長などというキーワードを除くと、岐阜県は全国的に見て、ほとんど知られていないというのが実情であろう。岐阜県の人々が関東とか関西など遠方に出かけたおりに、「岐阜」の位置、あるいは存在そのものをよく知らない、さらには「阜」の字が書けない読めない人が大勢いると気がつくだろう。

そんなマイナーな岐阜県だが、木曽三川といわれる揖斐川、長良川、木曽川が流れる濃尾平野から、三〇〇〇メートル級の山々と地形的に変化に富んでいる。このような岐阜県は、文化などの面でもかなり異なる美濃と飛騨で構成されており、また古くから壬申の乱、関ケ原の戦いのように日本史の大きな舞台ともなってきた。

日本の中央に位置する岐阜県は、古くから人、物、文化の交流点であり、これによって独自の文化が醸し出されてきた。それは海から川へ、あるいは険しい峠を越えてもたらされてきたものである。

本書は、これらをふまえて歴史、地理など教科書に出てくるような出来事よりは、人々の営みから見えてくるものに力点を置いた。

全国的にあまり知られていない岐阜県ではあるが、歴史、地理、あるいは生活、文化、民俗学的にみると興味深く魅力ある地域だということが理解できよう。

松尾 一

目次

第二章　くらしと産業

第三章　学校と学び

第四章　祭り・祈り・伝承

第六章　街道と旅・交通

第七章　歴史

あとがき

第一章　食文化

不思議な鮎菓子は、岐阜名産

あるとき、岡山に行ったおり、「調布」という和菓子を見つけて買ってみた。調布はカステラのような生地で求肥《ぎゅうひ》を包んだ和菓子である。つまり、おだまきを小さくして、あんの代わりに求肥にしたといえば分かりやすいだろうか。

この生地を楕円形にして焼き、求肥を置いて二つに折るように包み、顔やヒレの焼き印を押すと、岐阜などの和菓子屋さんで売られている鮎菓子のような姿となる。

さて岐阜の鮎菓子は、明治四一（一九〇八）年創業の、長良河畔にある玉井屋本舗の創業者が考案したのが始まりで、さらに同業の周囲の和菓子屋さんに製造を勧めて、今日の岐阜名産になっていたという。

この鮎菓子は年中、販売されているが、なかには鵜飼シーズンに合わせるかのように夏季だけしか販売しない和菓子屋さんも見られる。それはともかく、この鮎菓子、焼き印された顔やヒレが和菓子屋さんによってすべて違うのは店の個性が出て楽しい。

しかし、不思議なのは、どこの和菓子屋さんの鮎でも、裏面には何も焼き印がない。さらには腹を下にした場合、左側が頭となっていることである。焼き魚を皿に置く場合、左を頭にするからそれに準じたのではないかということを聞いたことがある。そこからこのような習慣となったのかもしれない。

現在、鮎菓子は、岐阜はもとより愛知や京都、さらに遠い九州の鹿児島市でも売られている。いろいろな鮎菓子を食しながら、推理するのも楽しいだろう。

激戦、喫茶店のモーニングサービス

ある喫茶店に入ったところ、店内に「一日中、モーニングサービス出ます」という手書きの張り紙がしてあった。喫茶店の競争の激しさの一面を見てしまったように感じた。

岐阜人の多くは出勤前に、あるいはPTAの集まりのような会合の後にと、三〇分もゆとりがあると「お茶でも飲みに行かない？」と誘うのが半ば常識になっているようで、車で郊外を走れば、極端にいえば五分もたたずに喫茶店を発見するに違いない。岐阜、愛知を除くと他県では喫茶店は少ないので珍しい光景であろう。何しろ、岐阜市は総務省調べによると、県庁所在地などの都市の中では一世帯あたりの喫茶店支出金額が大きいから、喫茶店の数が多いのも不思議ではない。

さて、いつのころからか不明だが、ほとんどの喫茶店では朝だけ無料のサービスをするようになった。それが「モーニングサービス」というもので、ゆで卵とトースト、あるいはサンドイッチが定番で、さらにはミニサラダ、なぜかバナナ半分、茶わん蒸しや赤だしが出てくる店もある。客にとってはありがたいが、過剰すぎて経営が成り立つのか心配になってしまう。このようなモーニングサービスは、なんと病院内にある喫茶店でも見られるのである。

モーニングサービスの発祥はどこか分からない。一応、愛知県一宮市が発祥ではないかという説もあるが、実のところ、はっきりとした確証はない。岐阜市かもしれないのである。

果たしてどこが発祥の地なのかと推理しながら、喫茶店でコーヒーをゆっくりと飲むのも一興であろう。

餅の形、東西で違い

餅は、正月用の鏡餅など供え物としても扱われてきた。丸餅を二枚重ねる鏡餅は陰と陽、男と女、太陽と月を象徴するといわれ、また餅をつく行為も、多産、豊作や長寿を祈願する意味合いがあったという。大きい鏡餅は床の間、小さい鏡餅は井戸、台所、トイレ、納屋と、家中に置かれていたものである。もともと、供え用の鏡餅も人間用も丸餅であったが、いつのまにか関東では人間用は四角い餅となった。つまり、関東では神さまと人間用を区別するようになったのである。

現在、餅の形は滋賀県から西が関西系の丸餅で、岐阜県や愛知県から東が関東系の四角い餅である。北陸は一応、関東系であるが、富山県では雑煮は丸餅、焼き餅は四角い餅となっている地域も見られる。能登や山形県の一部は丸餅であるが、これは北前船がもたらした西の文化によるものだという。

考えてみれば、餅を包丁で四角く切る行為は、お供え物としての意味からするといささか逸脱してしまうように感じられるが、持ち運ぶには便利なので、いつのまにかこのような形になったのかもしれない。四角い餅は、餅を伸ばす棒や板が必要で、餅つきの明くる日には包丁で切るという作業がある。一方、丸餅は、道具はいらないが、まだ熱い餅を、一個ずつ同じ大きさで丸くするという技術が必要になる。

昭和三〇年代あたりまでは、餅つきは「苦」がつくと嫌われた一二月二九日を避けた前後の日が多く、特に本家筋では一族総出の行事だった。子どもたちはつきたての餅をきな粉やあん、おろし大根を付けて食べるのが楽しみだった。現在、そんな餅つきの光景は、ほとんど見られなくなっている。

鰻の背開き、腹開き

平成二四（二〇一二）年のある日、岐阜・長良川河畔の七つのホテルや観光旅館で開催された「信長おもてなし御膳」の試食会に参加した。その中で鰻を骨ごと五センチほどの輪切りにした蒲焼きが出された。

鰻の料理方法は、かつては、このように鰻を輪切りにして、串に刺して焼くものだった。その姿が蒲《ガマ》の穂に似ていたから「蒲焼き」と名付けられたという。現在のように鰻を開いて焼くようになったのは江戸時代からといわれる。関西圏では腹開きにした鰻を金串に刺しそのまま焼くようになり、関東圏では背開きにして竹串に刺し焼くが、蒸すという工程が加わるようになった。

岐阜県、愛知県は関西圏で、静岡県から東が関東圏となっている。もっとも関東でも当初は腹開きであり、山東京伝『小紋雅話』の絵にも描かれている。北陸では、背開き、腹開きや蒸す工程の有無が混在しており、しかも土用の丑の日しか食さないという家庭が多いという。よく考えれば、鰻は南方系の魚で、日本海側の河川に上ってくるのは極めて少ないからかもしれない。

実際に店や自宅で食するときには腹開きとか背開きという意識がまったくないのが普通だろう。そのせいだろうか、スーパーでは腹開きと背開きが混在している場合が見られる。

毎年、土用の丑の日には、多くの人々が鰻を食すが、この習慣は平賀源内が広めたという俗説がある。俗説はともかく夏バテの防止に鰻を食する習慣は、古く万葉の時代までさかのぼる。

しかし、実際に鰻のうまいシーズンは脂がのった秋から冬にかけてなのである。

蛤は大垣名物？

「その手は桑名の焼蛤」で名高い桑名（桑名市）に出かけたおりに蛤《はまぐり》の料理をいただいた。アサリの酒蒸しならぬ蛤の酒蒸しであった。お店の方が桑名産と説明してくれた大きな蛤は身も柔らかくうまかった。

江戸時代、蛤はもとより伊勢湾で捕れた生の海の魚介類が、川舟によって美濃の各地に運ばれていた。例えば、加納宿（岐阜市）では、タイ、スズキ、キス、イシガレイ、ヒラメ、伊勢エビ、アワビ、イカ、そして蛤など海の生鮮魚介類が熱田（名古屋市）や桑名方面などから毎日のように運ばれ、魚屋で販売されていた。また笠松（笠松町）には魚問屋があり、ある魚問屋が蛤、イワシの販売の権利を売ったという記録があるので、魚ごとに権利があったと思われる。

大垣（大垣市）には、蛤が大量に桑名方面から運ばれており、いつのまにか「大垣に過ぎたるものが三つあり、横目、蛤、戸田一門」といわれるように、蛤は大垣名物となっていた。ちなみに「横目」とは家臣を取り締まる「目付」の一種で、「戸田一門」は、戸田姓の家臣を指している。

大垣市の中心地船町の水門川に貝殻橋という橋が架かっている。かつて、このあたりに蛤の貝殻を捨てていたため貝殻橋と名付けられたというから、かなり蛤を食していたという証拠であろう。だからであろうか、大垣藩は蛤の販売に関しては、一定の管理下に置いていた。

芭蕉の有名な句「蛤のふたみにわかれ行秋ぞ」の蛤は、果たして大垣なのか桑名なのか。どちらを詠んだものだろうか。蛤で一杯飲みながら推理したいものである。

赤味噌は極めてマイナーな味噌

栄養豊富な大豆を原料とした赤味噌《みそ》は、味噌カツ、赤だし、味噌煮込みうどん、おでんと何でもうまい。毎日のように赤味噌を口にしている人も多い。実は、この赤味噌は、岐阜県でも東濃地方の東部あたりを除く美濃地方と愛知県全域、そして三重県の北部や奈良県の一部あたりと、人口にして八〇〇万人、多く見積もっても一〇〇〇万人程度しか食さない、全国的には、マイナーな味噌なのである。

それ以外の全国各地では、地域によって味は異なるものの発酵させるこうじに米や麦を使う白味噌が主流である。

赤味噌は、独特の香りと苦味が赤味噌派には好まれるのだが、白味噌派には、この独特の香りが嫌なにおいと感じられ、苦味も我慢ができなくて極端に赤味噌が嫌いな人も少なくないのである。

全国的に見ると、そういった白味噌派の感情は普通と思って差し支えないであろう。赤味噌派にとっては「なんで?」と言いたいのだが……。

それぞれ良いところの味を生かしてだろうか。赤味噌と白味噌をブレンドしたミックス味噌が売られている。白味噌文化圏である飛騨でも、自宅で白味噌と赤味噌をブレンドしている家庭も多い。

それはともかく、赤味噌といえば、京都の懐石料理などで赤だしが出てくる場合もある。これは、先に大陸から伝わった赤味噌が日本各地に広がり、ついで白味噌が広がったということなのか、あるいは京都では、赤味噌の味がする「大徳寺納豆」のような食文化もあるからであろうか。

おときの味噌汁

「おとき（斎・時）」にはさまざまな意味があるが、葬式のときに参列者に提供される食事を示すのが一般的であろう。かつて旧家の蔵の中や地区公民館には、大きな鍋や釜が用意されており、地区や町内総出で行う葬式のおときに使用されていた。

葬式は、地域によってそれぞれ古くからのしきたりにのっとり、大きな屋敷では自宅で、小さな家では右隣の家を僧侶控室、左隣の家を食事場所として、あるいは地区公民館で行われていた。葬式は地域や町内総出で祭壇づくりから調理まで行い、長老が采配している場合が多かった。

また買い物は、すべて大福帳のような帳面を付け、後で香典から差し引いて食品店や酒屋に支払っていた。さらに貧富の差を出さないようにと、どの家の葬式でも、例えばコンニャク、厚揚げ、芋などの煮付け、あるいは味噌汁は豆腐と油あげというように同じメニューが出された。

ところが赤味噌文化圏でも、おときの味噌汁は、ある地区では赤味噌、隣の地区では砂糖が入った甘い白味噌の味噌汁、あるいは海津市の南部から三重県の北部あたりでは、胡椒を多く入れたすまし汁というように地域によって異なっていた。

現在では、葬式は葬儀場で行われるのが一般的になっており、このような自宅や地区公民館などで、地区総出で行う葬式は見られなくなってしまった。料理やお味噌汁を作った大きな鍋釜は、蔵の奥や地区公民館に眠っているばかりであろうが、今後は災害時の炊き出しに活用できそうである。

郡上味噌の麹は大麦

岐阜県が誇る郷土料理「鶏《けい》ちゃん」で地域おこしをしている「鶏ちゃん合衆国」の定例交流会が過日、岐阜市柳ケ瀬で開催され、「国民」の一人として参加した。今回は、郡上市の丸昌醸造場が販売している鶏ちゃんを参加者全員で食した。味付けはこの醸造場が製造・販売している郡上味噌などであった。

ところで味噌といっても全国各地で異なっている。大きく分布を見ると、米が主原料の白味噌は東北、北陸、関東、関西あたりと広範囲で、大麦が主原料の白味噌は、九州や山口や愛媛あたりである。また、大豆が主原料の赤味噌は、愛知県と三重県の北部、さらには奈良県の天理市や桜井市あたりまである。そして岐阜県中津川市の一部地域は信州系の白味噌信州味噌となっている。

飛騨は米麹《こうじ》を使う白味噌であるが、自宅で赤味噌とブレンドする合わせ味噌の家庭が多いという。郡上市では大麦麹で発酵させる郡上味噌で大豆や米の麹もブレンドしている。

郡上味噌は、赤味噌や白味噌に比べて柔らかく、これは「水分が多いと酵母が繁殖しやすく風味が出てくるから」と、丸昌醸造場の脇本茂樹氏が説明してくれた。

郡上の人々は、大麦麹の郡上味噌を今でもたくさんの料理に使っている。それは、郡上味噌を製造している醸造所が郡上市だけでいくつもあるということで証明できるだろう。大豆麹を使う豆味噌が主流の東海地方にあって何故郡上だけが大麦麹なのか非常に興味をそそられる。

みそぎと、みそぎ団子

「みそぎ」といわれ親しまれている夏越《なごし》の祓《はらえ》は、かつて一二月の年越の祓とともに、宮廷や神社において年二回行われていた。

現代では多くの神社が六月三〇日、大きな茅萱《ちがや》で作った輪の中を氏子たちがくぐるという神事を行っているが、茅《ち》の輪の大きさやくぐり方などは神社によってさまざまである。

みそぎの時期には、京都などでは小豆餡《あずきあん》を載せた三角形の和菓子「水無月」が売られているが、羽島市かいわいでは「みそぎ団子」が売られている。

あるとき、羽島市在住の方から、このみそぎ団子を頂いた。団子といってもみたらし団子の形ではなく、二つに裂いた竹串に、米粉を練った皮で甘い小豆餡を包んだ団子を二つ刺して焼き、さらに甘い赤味噌を塗ってあるのが特徴で、餡の甘さと味噌の香ばしさがブレンドされ、なんともいえない旨さであった。

これは羽島市竹鼻町にある八剣神社の夏越神事の折に供えた団子が起源で、いつしか今日のようなかたちのみそぎ団子になったという。かつては六月三〇日と、七月一日・一五日に行われる代々まつりの折に、和菓子屋さんなどで販売されていたが、現在では、おおむね五月から八月ぐらいまで販売されている。

羽島市では学校給食でも出されるほど有名な郷土を代表する団子となっているが、お隣の羽島郡笠松町の八幡神社のみそぎでも、笠松菓子工業組合によって実演販売されている。

ともかく、食せば半年のあいだ無病息災で暮らせるという、ありがたい団子なのである。

独特の味、鮎のなれ鮨

鮨《すし》と言えば、現在ではにぎり鮨を連想するが、かつては、保存できるなれ鮨が主流であり、現在でも日本各地に伝わっている。

江戸時代、富山（富山市）の神通川の鮎鮨が有名で、十返舎一九の『金草鞋』にも神通川に架かる舟橋の茶屋の鮎鮨を褒めるくだりがある。神通川の鮎鮨は、享保二（一七一七）年に富山藩士吉村新八が考案したもので、富山藩主前田利興が絶賛、将軍徳川吉宗に献上し、以来、毎年将軍家に献上するようになったという。文化年間（一八〇四～一八一八）には一二家の大名が献上している。

長良川の鮎鮨は、尾張藩の献上品として小瀬と鵜飼屋の鵜飼で捕れた鮎を、岐阜町の御鮨所《おすしどころ》で米飯と鮎と塩のみで加工して桶に詰められ、これを毎年五月から八月にかけて岐阜町から加納、笠松と南下、東海道で江戸まで昼夜を問わずリレーされて、わずか四日か五日ほどで、何回も運ばれていた。

平成一〇（一九九八）年ころになるであろうか。岐阜・長良河畔から熱田までを数回に分けて五〇人ほどのグループでウオークした。熱田の宮の渡し場跡で長良川河畔の旅館で購入した鮎鮨を、参加者に食してもらったが、今まで鮎のなれ鮨を食べたことがない人が多かったのには驚いた。

現在でも、長良川河畔の旅館などで会席料理の一品として出されたり、物産店などで売られたりしている。さらには正月用として鮎のなれ鮨を作っている鵜匠宅や旧家もある。

江戸時代、江戸まで運ばれていった長良川の鮎を想像しながら、鮎のなれ鮨を食するのもいいだろう。

鶏ちゃんのルーツを探る

平成一九（二〇〇七）年秋、JR下呂駅前の居酒屋さんで地元の方に招待され、ジンギスカン風の鶏《けい》ちゃんを食べたことがあった。これが初めて食した「鶏ちゃん」であり、この旨さは今でも忘れられない。

鶏ちゃんとは、鶏のもも肉や胸肉をキャベツなど野菜と一緒に炒める料理で、醤油味、味噌味と店によってそれぞれである。その歴史は浅く一九六〇年代からといわれており、元祖は下呂とか郡上というが定かではない。

現在では、メニューに鶏ちゃんがある店が県内各地に広まり、岐阜県の郷土料理として定着している。また、野菜を加えてフライパンで炒めるだけの簡単に調理できる冷凍パックも市販されている。

かつて農村部のほとんどの家庭では、小さな鶏小屋で一〇羽程度の鶏を飼っていた。盆、正月、祭りや来客時などに、卵を産まなくなった鶏を一羽、また一羽とつぶして、老雌の固い肉はもとより、皮や肝も料理していた。つぶすのは、おおむね男性の役目だったと聞いたことがある。

その伝統の上に鶏ちゃんが誕生したと思われるが、現在、各店の鶏ちゃんは若鶏の柔らかい胸肉やもも肉が使用されている。砂肝や肝、皮、キンカンなどすべての部位が入った鶏ちゃんは見当たらなかった。

そこで、あるとき、奥美濃古地鶏のもも肉など各部位の肉を買い求め、恵那市明智町の醸造所で製造された味噌で味付けしてキャベツと炒め、鶏ちゃんを料理してみた。

酒の肴《さかな》としてピッタリで、子どものころ食べた在所の鶏肉料理を思い出した。

バイ貝は、縁起物の仲間

最近は、正月三が日が過ぎたら捨ててしまう家庭があると聞くおせち料理が、最後まで残るのは、たつくり、黒豆、栗きんとん、煮しめ、なますといったところだろうか。

御節とも書くおせちは、現在に伝わる桃の節句、端午《たんご》の節句、七夕など五節句などの日に、神に供える料理が始まりだといわれている。のちに、正月用の料理を指すようになり、現在のように定着したのは、江戸時代からだという。

このような歴史があるおせち料理の食材には、数の子は子だくさんの子孫繁栄、黒豆はマメに暮らすとか、たつくりは田作りと書くことから豊作を祈願するというように縁起物がたくさんある。

そのなかでも、バイ貝は、倍々に儲かるとか福が倍々になるという縁起物で、北陸をはじめ日本海側でよく食されている巻き貝の一種である。これらの地域ではもちろんおせち料理の定番である。

サザエが王様としたらバイ貝は女王の味といったところだろうか。大粒のバイ貝は刺し身やすしネタ、内臓も生のまま食されており、金沢あたりではおでんダネとなっている。小粒のバイ貝のほうは煮付けが普通で、これがおせち料理に登場するのである。

ところで、岐阜市の有名百貨店のカタログを見ると、一〇〇種以上のおせち料理のうちバイ貝の煮付けが入っているおせち料理はたったの数パーセントで、関東や関西でもほぼ同様であった。バイ貝は、太平洋側の地域ではなじみがないからだろうか。福が倍々訪れるのだが……。

岐阜県産品だけで豪華な鍋

あるとき、農家の方から立派なネギを頂いたので、久々にすき焼きをした。すき焼きを行う前に、ふと食材を見てみると牛肉はもちろん、春菊、シイタケ、豆腐、そして卵、角麩《かくふ》が岐阜県産であった。そこで気になって、すき焼きをはじめ鍋物に欠かせない岐阜県産の食材を軽く探してみた。

魚肉類はまずは飛騨牛が挙げられる。豚肉の飛騨けんとん、美濃けんとんも良い。奥美濃古地鶏や卵、さらには猪肉、馬肉、鹿肉、そうそう飛騨の河ふぐもある。野菜類などは飛騨一本太ネギ、徳田ネギときりがない。

醤油、溜まり、味噌は美濃、飛騨それぞれの味が楽しめる。そして鍋には欠かせないユズもある。日本酒は飛騨から美濃まで各蔵元自慢の甘口、辛口、古酒とそろっている。升酒を飲むのだったら大垣産の升を使いたい。

下戸向きには各務原のニンジンジュースがおすすめだ。お茶は白川茶・揖斐茶、ご飯はハツシモ、漬け物は飛騨の赤カブ、中津川の菊ごぼう、食後のデザートには、蜂屋柿か伊自良の連柿、あるいは南濃ミカン、飛騨のアイスクリームはどうだろうか。

そうそう、料理の名脇役の食器類、刃物類も岐阜県産がある。土鍋はもとより、徳利、杯、箸置きは東濃の焼き物、箸は東濃ヒノキ、包丁はなんといっても関の刃物である。

岐阜県産は、果たしていくつあるのだろう。温かい鍋を囲むと意外に多く浮かんでくるに違いない。

第二章　くらしと産業

国語辞典に見当たらない岐阜の「阜」

「『阜』という漢字は、国語辞典に掲載されていない」と言うと、不思議がられる。新聞などでよく引用されている『広辞苑』はもとより、『新明解国語辞典』や『岩波国語辞典』のページを開いても「阜」は見当たらない。

もっとも、図書館などでしか、あまりお目にかからないような一三巻もある大型判の『日本国語大辞典』には以前から「阜」が掲載されている。「阜」が平成二二（二〇一〇）年に常用漢字になったせいだろうか、児童、生徒向けはもとより一般向けでも掲載されている辞典もあるにはある。

では、「阜」が常用漢字になったにもかかわらず、大多数の国語辞典に掲載されていないのはなぜだろうか。国語辞典は現在の日本で使用されている言葉を掲載している辞典といえるので、通常では「阜」単独、あるいは「阜」を使用する言葉がみられないから掲載していないと思われる。

もちろん、漢字が集められている漢和辞典には、「阜」が掲載されているが、探すのは難しい。漢字の検索の仕方は部首や音訓、画数からだが、まず「阜」がどの部首なのかも分からない。

イライラしながら漢和辞典のページをめくると、やっと、「阜」が「阿、隆、陶」などの、こざとへんの元の字で、画数は八画ということや、「フ、フウ、ブ」と読み「丘、石のない土山」などという意味であるということが、ようやく分かるのである。

はたして、すべての国語辞典に「阜」が掲載されるのはいつの日になるのだろうか。

「B紙」の可哀想な共通語名

B紙といえば、学校の授業などで使用されている大きな白い紙だが、岐阜、愛知以外の文具店で「B紙をください」と注文すると「B5ですか？ B4の紙ですか？」などと聞かれるだろう。B紙は岐阜や愛知の方言だということはあまり知られていない。全国的には、大洋紙《たいようし》とか広用紙《ひろようし》という方言がある。

共通語では模造紙といい、文具店で数枚入りの筒状に巻かれたB紙のパッケージを見ても、「B紙」とは書かれてあらず「模造紙」と表記されているから模造紙が共通語ということが分かる。

模造紙は、高級和紙である雁皮《がんぴ》を原料とした鳥子紙《とりのこ》が元で、紙の色が鳥の卵に似ているから名付けられたともいう。明治になると紙幣や証書用に政府の抄紙局で漉《す》かれ、局紙と呼ばれるようになった。

のち、原料が三椏《みつまた》となった局紙が一八七八年、パリ万博に出品されると評判となり盛んに輸出されたが、この紙がオーストリアで模造され日本に逆輸入され、さらに日本の製紙会社が模造したのである。

模造紙と呼ばれたこの紙は、上質紙の七八八ミリ×一〇九一ミリ、厚みは七〇キロ（一千枚で七〇キロ）の「四六判」で、折り畳むと単行本の「四六判」の一二八ミリ×一八四ミリとなる。この模造紙の大きさが、七二二ミリ×一〇三〇ミリのB1サイズに近かったから「B紙」という方言になったのであろう。

もともと高級だったこの和紙は、普通の上質紙に格下げになってしまったようだが、いつまでも模造、つまり偽物というのは可哀想であろう。

現在、元祖の鳥子紙は高級和紙として色紙、短冊、書の裏打ち紙などとして使用されている。

岐阜の方言「かしわ」、九州でも

大分へ句会に出かけた折、ＪＲ小倉駅で乗り換えのため下車すると、在来線ホームに「小倉名物かしわうどん」と大きく書いた看板が目につくカウンターだけの店があり、店を囲むように数人の客たちが立って、うどんをすすっていた。

小倉駅には、「かしわめし」という駅弁が数種類販売されており、その一つを購入して新幹線で食した。照り焼き風の鶏肉三切れと錦糸卵、野菜と鶏肉の煮付けをあしらった駅弁であった。

さて、市販されている大型版の時刻表の下欄外に各駅の駅弁が紹介されている。これを見ると新山口、博多、新鳥栖、鳥栖、都城、戸畑、西都城、新八代、熊本など九州のかなり広範囲の駅でかしわめしが販売されているのが分かる。

かしわめしは鶏肉の炊き込みご飯のようなものもあり、九州一帯の郷土料理であったのである。かしわは鶏肉のことであるが、大分の俳句仲間に「『かしわ』は岐阜でも使うよ」と説明したら驚いていた。てっきり大分や福岡あたりの方言だと信じきっていた様子だった。

かしわは、主に岐阜・愛知以西から九州にかけての方言で、羽毛の色が茶褐色で、紅葉した柏《かしわ》の葉の色に似ている鶏を「かしわ」と呼んだことから来ているという。

しかし、現在では「かしわ」という岐阜弁はあまり使われていないようである。関西でもあまり使わないようなので、いつかは九州の方言として残るだけであろうか。

「わっち」は共通語だった

「わっち」という岐阜弁は、「私」「僕」という意味で、「わっちゃ」「わっちんたー」「わっちんたらー」「わっちら」などと使用している。昭和三〇年代ごろまでは、男女、年齢を問わず使用されていたようだが、最近は公的な集まりでは「わっち」という言葉があまり聞かれなくなった。しかし、現在でも中高年層の気楽な集まりで「わっちはなも」などと用いられている。

都の言葉が、同心円的に全国に伝播《でんぱ》していき各地の方言になったということが多いなか、「わっち」は珍しく関東系の方言なのである。「わっち」は江戸時代、江戸の大名屋敷の門番をしていた中間《ちゅうげん》クラスの人々が、いわば業界用語的に使用したのに始まると思われる。大名屋敷の出入り商人から、商人の家族、さらには江戸中に広まり、遊廓では「わちき」となっていったようである。さらに江戸から全国各地へと広まり、いつしか共通語になっていった。

「わっち」は文学作品にも見られる。例えば十返舎一九『東海道膝栗毛』の発端の場面では「アイわっちのかゝあのやうでもあり、又ないやうでもあり」、また『木曽街道続膝栗毛』の加納宿の場面では「イヤわっちらァ、まだ腹もへらねぇからよしやう」と使用され、さらには夏目漱石『草枕』の髪結床の場面では「こう見《め》えて、私《わっち》も江戸っ子だからね」「痛うがすかい。私《わっち》や癇性《かんしょう》でね」と使用されている。『草枕』は明治三九（一九〇六）年に発表されているので、この時代ごろまでは「わっち」は共通語だったと思われる。しかし、「私」「僕」が主流となり、「わっち」は方言となったのである。

盛大な嫁入りの菓子まき

ある日、旧家で昭和三〇年代に自宅で行われた結婚式の写真を見せてもらったことがあった。それは八畳四間の部屋の襖《ふすま》や廊下と部屋のガラス戸をすべて取り外し大広間にして、行われた結婚式であった。床の間の前の和服姿の新郎と文金高島田《ぶんきんたかしまだ》の新婦を正面に、親戚縁者が大広間となった会場をぐるりと囲んでいる写真であった。

膳の前には引き出物が置かれていた。祝宴が始まって間もないのだろうか、幼い男の子と女の子が雄蝶《おちょう》雌蝶《めちょう》の折り紙で飾った銚子《ちょうし》から新郎新婦に三三九度のお酒を杯に注いでいるところである。

当時、結婚式の日にはほとんどの家庭で菓子をまいており、このときも菓子まきがあったという。新婦が実家を出発すると間もなく、数人の親戚が一階の屋根や二階の窓から菓子をまく。通常は五分程度の短時間で終了する。あめ玉とか豆菓子とか駄菓子をバラでまいていたが、いつしか、ビスケットなどの菓子を箱ごとまくようになっていった。菓子を拾う人々は、素手はもちろん、エプロンを広げたり帽子で受けたりするのである。

不思議なのは、回覧板などで伝えているわけでもないのに、結婚式や菓子まきの日時が、ちゃんと正確にご近所に伝わっていることである。まさしく口コミのネットワークなのであろう。

しかし、近年では菓子まきが見られなくなっている。その代わりだろうか、菓子類と、めでたいスルメ、酢昆布などを「寿」と印刷された透明な袋に詰めて、親類やご近所に配っている程度である。

罪にならない？　花泥棒

「こんにちは。あらッ、奥さん、玄関の花瓶のお花きれいね」

「実はね。あの駅前で開店した喫茶店の花なのよ」

「そう。私も行ってみたかったわ、じゃ、一度、その喫茶店に行きましょうよ」

岐阜や愛知あたりでは、店舗などが開店すると取引業者、親戚や友人たちから贈られた生花スタンドが店先にずらりと並ぶ。しかし、生花が並ぶと同時に、どこからか現れた人々が、われ先にと勝手に花を奪い取っていく。高価なラン、バラ、カーネーションから持っていき、菊は最後まで残る場合が多い。

これがなんの罪の意識のない「花泥棒」という岐阜、愛知に見られる習慣なのである。泥棒すると罪になるのだが、罪には問われない。店主たちも注意するどころか、むしろ喜んでいる。

それは花泥棒した人々が特に頼まれなくても口コミで開店のことを宣伝してくれることが期待されるからだ。逆に、だれも花泥棒しないような店は、すぐ閉店ということになるかもしれない。

花泥棒にもちゃんと理屈がある。もしも、店側がこの生花を店先で配布するとしたら、ラッピングをして順番に渡すなど手間ひまがかかり、並ぶ人数が多くなれば交通整理も必要となり大変なことになる。

ちなみに他県では、生花の代わりに造花が多く見られるが、造花を持っていく人はいないという。

岐阜や愛知であたり前の習慣、花泥棒。他県では店の人から通報され、お巡りさんのお世話になるかもしれないから、ご用心、ご用心。

富有柿、全国で有名に

東京などの知人に岐阜県名産の「富有柿《ふゆうがき》」を贈ると喜ばれる。味はもちろんだが、東京で買うと一個三〇〇円ほどするからであろうか。

「柿食へば鐘が鳴るなり法隆寺」正岡子規。明治二八(一八九五)年、奈良において正岡子規が食したのは、甘柿の御所柿だといわれている。この御所柿の突然変異で誕生したのが富有柿で、明治時代、現在の瑞穂市居倉の御所柿から福島才治が発見したのが始まりだという。

明治三二年、岐阜農会主催の柿の品評会や、明治三六年の関西府県連合共進会に出品したところ、評判となり、最初は「居倉御所」と呼ばれていたが、のちに「富有柿」と名づけられた。

柿は、水はけがよい日当たりを好むといい、山の斜面や微高地が栽培に適している。当初は桑畑だったところを柿畑にしていたが、それまで水田だったところも柿畑にしてしまった。これは、農作業がしやすく、稲作よりも柿の栽培のほうが利益は多かったからである。田中栄助や松尾松太郎といった人々によって改良が進められ、現在の瑞穂市をはじめ本巣市や大野町など西濃に広がっていき、やがて全国で有名となり、「富有柿」はトップブランドとなっていったのである。

そのせいもあるのだろうが、岐阜県は柿の消費量は全国でトップクラスである。しかし、富有柿の生産高は、大正初期から栽培が始まったという福岡県が、現在、全国一位となっている。居倉にある「富有柿発祥の地」の石碑が苦笑しているに違いない。

長良のブドウは甲州がルーツ

日本のブドウは、甲州（山梨県）において文治二（一一八六）年に自生種を栽培したのに始まるとか、さらに遡《さかのぼ》り、養老二（七一八）年に僧行基によって始められたとか、定かではない。江戸時代から江戸では「甲州葡萄《ぶどう》」が知られており、徳川幕府にも献上されていた。現在の品種の多くは、明治八（一八七五）年、明治政府が輸入したものを交配し品種改良されたものである。

岐阜県内でブドウの栽培が始められたのは大正時代からと思われ、昭和一〇（一九三五）年に発行された「岐阜県副業写真帳」を見ると、現在の岐阜市長良、美濃加茂市山之上、美濃市大矢田、大垣市赤坂町、揖斐川町谷汲、羽島市正木、郡上市白鳥町など一四カ所で栽培されていることが分かる。

長良の場合は、甲州から来た人が故郷に似ているというところから、大正一一（一九二二）年にブドウの栽培を開始したのが始まりで、大正一五年に、初収穫された。また、地元長良の人々も、当時盛んだった養蚕からブドウの栽培に転換し桑畑がブドウ畑に変わっていった。

当初は、甲州から導入された甲州葡萄という品種が主体だったが、収穫期が遅く台風の被害も多かったため、収穫期が早い品種に替わっていった。とはいえ収穫量が少ないため市場に出さず市内の夜市などで販売されていた。しかし、昭和三六年からブドウ狩りが始まり、団体や家族連れの観光客でにぎわうようになった。現在は、デラウエアをはじめ、巨峰、スチューベン、ネオマスカットなどの品種が栽培されており、シーズンになると志段見などの長良川右岸道沿いに立ち並んだ直売店などで販売されている。

美濃の茶は、江戸期から有名

平成元（一九八九）年の初夏、現在は揖斐川町となっている春日村へ取材で訪れたことがあった。そのおり、緩やかな山並みが一面に広がる茶畑の中にある小さな製茶加工所で、出来たてのお茶をいただき、「これが本当のお茶の味なんだ」と驚いたことを今でも覚えている。

日本茶の起源は、最澄や空海が中国から日本へ種子を持ち帰ったのが始まりとされるが、栽培が盛んとなったのは栄西が中国から持ち帰った種子によって全国に普及してからだといわれている。

美濃へは、白山神社を創建した泰澄が白川広野（白川町）に広めたのが始まりだという伝承がある。また、永正八（一五一一）年、龍徳寺（池田町）へ茶園の寄進があったという記録があるので、すでにこのころから、茶の栽培が盛んに行われていたということになろう。

江戸時代になると白川や大矢田（美濃市）、上之保（関市）の茶が越後長岡へ、益田郡《ましたぐん》の茶が高山へ、加茂郡の茶が桑名方面へと出荷された。また、深根村（揖斐川町）の茶が幕府御用番茶として江戸幕府に納められるようになった。このようにして幕末には山城、近江、伊勢、遠江、駿河、武蔵と並んで美濃の茶は全国的に有名になったのである。

明治一〇（一八七七）年には日本の茶の輸出比率は二二パーセントと生糸と共に輸出頭となっていた。このような中、現在の下呂市や、恵那市、海津市、不破郡などの山間部で盛んに栽培されるようになっていった。現在、白川茶や揖斐茶などはブランド茶としても知られている。

レンゲ種子、農家の収入源

昭和二九（一九五四）年に岐阜県の花に選定されたレンゲは、かつて、多くの水田で農閑期に栽培され、どこでも子どもたち、特に女の子たちが、レンゲで冠や首輪を作って遊んでいる光景が見られた。

レンゲは、レンゲソウとかゲンゲ（紫雲英）ともいう中国原産の越年草である。日本へは一四〇〇年前とか一二〇〇年前とか定かではないが、観賞用として渡来したのち野生化した。平安時代末期ごろから水田の緑肥として使われたというが、全国的に普及したのは江戸時代末期から明治にかけてといわれている。

岐阜県では、既に宝暦一〇（一七六〇）年に上真桑村（本巣市）で栽培された記録があり、また明治一五（一八八二）年ごろには、近江商人によって晩生種が岐阜県へもたらされたともいう。

レンゲ栽培は、岐阜県では種子の生産が目的となり、養老郡、不破郡へと広まり、さらに本巣郡一帯が、中心地となっていった。農家にとっては、レンゲ種子の生産は稲作の裏作となり収入増加につながっていたことであろう。

明治時代に設立された岐阜県拡農会をはじめ、さまざまな機関などによって、岐阜ブランドのレンゲの普及や品種改良が行われた。こうした努力もあり、水田用の肥料、家畜用の飼料として、岐阜のレンゲ種子は、全国各地の農家へ販売されていき、昭和四〇年ごろまでは全国の七〇パーセントのシェアを誇っていた。レンゲはハチミツの原料としても貴重で、岐阜県では多くのレンゲ蜜が生産されていた。現在、レンゲ栽培は急速に減少しており、養蜂家はレンゲの花を探し求めて岐阜県各地を巡っていることだろう。

春日の薬草売り、峠越え

伊吹山を控えた旧春日村（揖斐川町）は、古くから薬草が有名で、永禄一一（一五六八）年、織田信長の命を受け、ポルトガル人宣教師が伊吹山に薬草園を造ったという記録がある。現在、二四〇種ほどの薬草が見られる伊吹山には、イブキノエンドウ、イブキカモジグサなど帰化植物が自生しているが、この折、西洋からもたらされたものだという。

江戸時代には、村内の香六、川合、中山、小宮神などで伊吹もぐさが生産され、柏原宿（滋賀県米原市）の亀屋に出荷していた。

明治のころから古屋あたりでは、秋彼岸のころ、取り決めどおり一斉に伊吹山の山麓の薬草を刈り取って、その場で二、三日干して乾燥させたあと、背負って持ち帰り、数センチに刻み保存していた。

伊吹山が雪化粧するころ、この薬草を一〇キロほど背負い、徒歩で岩手峠（岐阜県垂井町）を越えて垂井、大垣方面へ、あるいは与一堀越え（関ケ原町）で関ケ原町方面へ、さらには上平寺越えで上平寺（滋賀県米原市）方面へ売りに出掛けていた。いずれも峠道は細く険しい道のりだったという。

日帰りで売りに出掛ける人や、販売エリアの知り合いの家に薬草をいったん置き、そこで宿泊してなじみの家々を回る人もいたという。現金ではなく、蕎麦、麦、米などと交換していたため、帰りは重い穀物を背負って、また峠越えをして帰らなければならなかったのである。

この薬草は薬用ではなく、各家庭の風呂用入浴剤として使用されていた。きっと疲れが取れたであろう。

富山の薬売りは、代金後払い

かつて、里や町にはさまざまな荷を背負ってやって来た行商人たちの姿がよく見られた。その中でも代表的な行商人は越中富山の薬売りだろう。「薬売り」とか「売薬さん」と聞いただけで、なにかしら懐かしさを感じるのは、中高年以上の人たちだろうか。

富山藩二代藩主前田正甫が江戸城に登城した折、病で苦しむ大名がいたので、富山の「反魂丹」を飲ませたところ治ったという伝承がある。その富山の薬は、使った分だけ支払うという代金後払いの「先用後利」という商法で、秋田組、関東組、駿河組、四国組、九州組、薩摩組などと組織化して全国に販売網を広げていった。飛騨、美濃に来た薬売りは飛州組と美濃組である。

薬売りたちが、越中の家に帰るのは半年か一年に一度だったといい、各地の有力者宅に宿泊しながら、周辺へ行商に出掛けていた。

かつて岐阜県富野村（現関市）のある農家では、四、五軒の薬売りの置き薬の箱があり、富山の薬売りが年二、三回来て、囲炉裏端で弁当を広げ、紙風船やのちにはゴム風船を置いていった。また富加町のある農家では、「食べ合わせ」が描かれた絵を置いていったという。

このような薬売りは縁談を持ってきたり、他地域の歌を披露したり、さらには遠い地方の情報も伝えたりしていた。顧客も他の地域の歌や情報は、貴重であり楽しみだったに違いない。

そんな歴史を秘めた売薬さん、現在は配置販売業といい、車で各家庭を訪問している。

山で「まつごがり」

昭和三〇年代あたりまでだろうか、石油やガス、電気が燃料として普及するまで、農村部では、「まつご（松の落ち葉＝岐阜・愛知あたりの方言）がり」が行われていた。

マツタケのシーズンが終わり霜が降るころに山に入り、一年分の松の落ち葉を熊手などでかき集めていた。松の葉は油分が多くよく燃えるため、薪の焚き付けとして使用したのである。

山の持ち主以外も入山でき、三輪（岐阜市）あたりでは、日にちを決めて、集落ごとに一斉に山に入った。松の落ち葉を競争するかのようにかき集めて、小枝を敷いた上に集めた落ち葉を押しながらかため、さらに小枝を覆いかぶせて荒縄などでしっかりと俵状に縛り、大八車や肩に担いで自宅まで持ち帰った。

これを納屋や土間などの屋根裏に上げ保存していたのである。屋根裏の方が乾燥するからだろう。この作業は、子どもからお年寄りまで家族総動員で行い、時には全て終えるのに夜までかかったという。

城田寺（岐阜市）のある地区では、山を持っていない人は、山の持ち主が刈り取った後しか山に入れなかった。そこで共同で山を買ってしまった人もいたという。

では、山がない岐阜県西南部の揖斐川、長良川、木曽川下流域ではどうしていたのだろうか。羽島市南部のある地区では、籾殻やわらなどを焚き付けとして使用しており、さらには、大水が出るたびに川に出かけ小枝や大木など流木を拾ったという。

素朴な土雛を飾る

三月三日の桃の節句を過ぎても、まだ雛《ひな》人形を片付けていない家庭もある。むしろ、この日以降に飾り付けする地域も見られる。これは旧暦で雛祭りを行う習慣があるからである。

さて、旧暦で雛祭りをしている飛騨や東濃や郡上あたりでは、土雛を飾る家庭が多い。男雛《おびな》女雛《めびな》、三人官女のみならず、歌舞伎人形、武者人形、福助、大黒、果ては動物までと多種多様であり、これらをまとめて一緒に飾り付けるのである。大きさは高さ一〇センチから二〇センチほどで、素焼きのあと色付けした程度の素朴なものが多く、安価であるのが特徴である。このような土雛や土人形は、足助町（愛知県）、あるいは瑞浪あたりから売りにくる行商人に、買い求めたり、町に出掛けた折に購入したりしていた。

雛壇には、恵那市の東野地区では定番の白酒やひし餅はもちろん、和菓子のからすみ、あさりごはん、ウルメイワシの開き、干しあさりを供え、高山市大原地区では、赤飯、イワシを供えていた。

雛祭りの当日には、男女を問わず子どもたちが大活躍していた。恵那地方では雛飾りのある家庭を訪れて、からすみを一〇切れ程度頂戴する習しがあった。また、下呂市の下原地区では供えてあるひし餅だけではなく栗、干し柿、菓子を奪うようにもらっていく「ヒナ荒らし」、さらには郡上でも、よその家に無断であがり供え物を食べる「ひいなあらし」という慣習があった。

今でも、恵那や郡上などでは土雛を飾る行事が開催されていて、当時の桃の節句をしのぶことができる。

美濃和紙発祥の地は、垂井

平成二六（二〇一四）年秋、美濃市の本美濃紙の手漉《す》き和紙技術が、石州半紙（島根県）、細川紙（埼玉県）とともにユネスコ無形文化遺産に登録された。

本巣市の根尾には、清徳王が寺を建立して紙の漉き方を伝えたという伝承があるが、律令時代、朝廷によって都で朝廷が使用する紙を製造する機関「紙屋院」が置かれ、また各国にも技術者の養成を兼ねた紙屋が置かれ紙が漉かれていた。美濃国府（不破郡垂井町）にも紙屋が置かれ、美濃における製紙の拠点となっていたが、美濃和紙の技術は優秀だったという。

やがて、紙漉きの技術は垂井の紙屋から揖斐川水系、長良川水系などと美濃各地に伝播していった。

中世には大矢田（美濃市）で月六回、和紙の市《いち》が立ち、近江枝村（滋賀県犬上郡豊郷町）の商人によって盛んに都へ運ばれていった。のちに市の拠点は金森氏によって上有知《こうづち》（美濃市）に移り、いつしか和紙の集散地として栄えていった。のちに上有知は尾張藩領となり、ここの和紙は尾張藩の産物となった。

江戸時代、大垣藩や苗木藩などは領内で漉かれる和紙の専売制を取り藩の産物としている。また、長良川支流の板取川流域などの産地は、江戸幕府御用となり、障子紙や同じく幕府御用の宇治茶を入れる茶袋用などの和紙を生産して、三輪（岐阜市）の御用紙蔵や幕府の笠松陣屋（笠松町）に納めていた。

現在、垂井町の町並みの中にひっそりと「紙屋塚（紙屋明神）」があるが、ここが美濃国の紙屋跡といわれている。つまり美濃和紙発祥の地なのである。

お蚕さんと製糸工場

日本は幕末から近代まで生糸の輸出が盛んだった。明治一七（一八八四）年には主な輸出先がフランスからアメリカとなり、輸出量もイタリアや清国を抜き、明治四二年に世界一となった。

生糸の原料となる養蚕は古くから日本各地で行われており、岐阜県内でも江戸中期から戦後まもなくまでは盛んで、どこの農家でも養蚕を行っていたといっても過言ではない。主な飼育場は母屋の二階で、養蚕をしている家に宿泊すると桑を食べる蚕の音が気になって眠れなかったということを聞いたことがある。

飛騨では江戸時代すでに高級な紬《つむぎ》の生産が有名で、益田郡《ましたぐん》が先進地であった。天保一四（一八四三）年、信州に出かけず益田郡で働くようにとお触れが出ている。

明治時代になると、高山、中津川など県内各地に製糸工場が設立され、昭和六（一九三一）年には古川に吉城生糸販売組合生糸製糸場が創業している。このような工場では、近隣農村の若い女性や少女たちが現金稼ぎのため働いていたが、賃金がより高いということで諏訪など信州各地の大工場へ出掛けていくようになった。中には母親まで出掛けた家もあったという。大金が稼げるからだが、信州から勧誘員が来て、東京見物をさせてやるとか汽車に乗せるとか、さまざまな言葉で誘っていたからでもあるという。「百円工女」も出現し農家を潤したというが、半面、過労で病になった女性たちもいたのである。

かつて桑畑は、山間部はもとより平地の田畑に適していないような河川敷にまであったが、現在では見かけなくなった。もう甘酸っぱい桑の実は食べることはできないのだろうか。

捕鳥供養塔

「アトリは形もちいさく、骨も柔らかく、鶫《つぐみ》のような小鳥とはわけが違う。」（島崎藤村『夜明け前』）

昭和四〇年代、まだ長野県であった馬籠《まごめ》峠（中津川市）の民宿に年数回は泊まっていた。あるとき、囲炉裏で焼いた小鳥にタレをつけたものを「大きなスズメ」だと言って食べさせてくれたことがあった。今から思えばそれはツグミであったかもしれないが、たぶん違う鳥だろう。かつて、この木曽谷をはじめ伊那谷、そして東濃一帯には、多くのツグミやアトリが越冬のため渡ってきた。

平成二七年三月、岐阜市内で上映された記録映画「鳥の道を越えて」を観賞した。それは、かつて東濃地方で冬の山村の営みの一環として盛んに行われていた、カスミ網の猟を関係者から聞き取り取材したものであった。あらためて、この地域では捕った小鳥が重要な動物性タンパク源だったことを理解できた。

現在では野鳥保護のため禁止されているカスミ網猟は、かつて岐阜県のみならず愛知、長野、富山、福井などの各県で行われていた。地形的な理由からだろうか、福井県越前市あたりに多く飛来してきたという、東濃地方の捕獲業者たちは、ここまでやってきてカスミ網猟を行っていた。一種の出稼ぎであろう。

捕獲する山を「つぐみ山」とか「鳥山」といい、毎年、同じ業者が山の持ち主に謝礼を払い捕獲していた。そんな鳥山であった越前市と南越前町境にある足谷山の山中に、大正三（一九一四）年、東濃の業者によって高さ一メートルほどの「捕鳥供養塔」という柱状の石碑が建立された。年老いて引退する業者が鳥類を供養するために建てたという。まだ、野鳥保護という認識がまったくない時代だったのである。

瓦窯と関の刀鍛冶

岐阜市長良在住の山本耕氏が、幼年時代の昭和三〇年代、まだ路面電車が走っていた長良かいわいの高富街道のにぎわいぶりを、『口笛と分水嶺』（岐阜新聞社刊）の中で「……八百屋、豆腐屋、酒屋、駄菓子屋、床屋、自転車屋などの商店が軒を連ね、瓦を焼くかまどがいくつも煙をあげていた……」と懐かしそうに描写されている。

この中の「瓦を焼くかまど」とはまんじゅうのような形に開口部を付けた瓦窯《かま》のことであり、昭和四〇年代あたりまでは小規模な瓦製造業者さんが、このあたりに何軒か建ち並んでいた。

瓦の原材料となる粘土は、近くの山や、冬場に田畑の下の粘土層から採取していた。つまり、瓦は近くで原材料の粘土が入手できる地域で生産されていたのである。これは陶器も同じで、良質の粘土と燃料の松が入手できる場所で製造されており、岐阜県では各務原市から可児市、土岐市、多治見市など東濃が古くからの産地となっている。

ところが、「関の孫六」で有名な関の刃物の原材料である鉄は、関付近では産出されていない。鉄は出雲（島根県）からはるばる運ばれていたようである。

どうして関で刃物産業が盛んになったのか。関は古くから飛騨、信州、郡上や越前、尾張と結ぶ陸運、水運という交通の要所で、大工が多く住み建築用鉄製品の需要があったとか、当時、南飛騨の守護であった佐々木京極氏が出雲の守護を兼ねており、出雲の鉄が入手しやすかったとかいわれるが定かではない。

羽振りの良かった筏乗り

「木曽のナー、ナカノリサン……」。ご存じ、木曽谷（長野県）の民謡「木曽節」である。「ナカノリサン」は、御嶽行者のうち「仲のり（中座）」という地位だという説もあるが、筏《いかだ》流しの真ん中に乗るもっとも優秀な筏乗りを指しているというのが一般的であろう。筏乗りの人数は筏の長さ（枚数）などによってさまざまであった。しかし、実際には、このあたりの木曽谷付近の木曽川では川幅が狭く、木材を繋いで流す筏流しは行われてはおらず、「管流し」といって木材を一本一本と流していたのである。

さて、秋から春にかけて行われていた筏流しの実態を、木曽川流域の錦織《にしこおり》（加茂郡八百津町）から鵜沼（各務原市）まででみてみることにする。一枚（木材二四本から二八本を繋いだもの）の筏に二人が乗り、夜の明けきらない朝四時ごろ錦織を出発して、川合（美濃加茂市）の辺で夜明けを迎え、瀬戸（坂祝町）付近で筏の上で朝食をとっていた。さらに大馬屋（坂祝町）近くで筏二枚を一つに組み、二人の筏乗りが陸に上がって徒歩で錦織へ帰宅し、残りの二人が鵜沼まで運んでいた。午前一〇時ごろのことだという。その後、筏乗りたちは、徒歩で太田（美濃加茂市）に着き、ここで昼食を済ませたのち徒歩で錦織に帰っていた。到着したのは午後三時から四時ごろだったという。

筏乗りの賃金は普通の人々の三倍から四倍はあったという。危険を伴う仕事だからであろうが、自然、稼ぎは良く、錦織の対岸にある飲食店街で浪費した筏乗りが多かったという。のちに大井ダムなどのダムの建設や鉄道の普及によって、羽振りが良かった筏乗りたちは職を失ってしまうのである。

筏師は鴨緑江へ

かつて、岐阜県では木曽川、飛騨川、高原川（神通川）をはじめ揖斐川や長良川でも筏流《いかだ》しがみられた。これらの川の筏流しはよく知られているが、他の河川はあまり知られていない。

長良川では八幡町から岐阜方面へ筏流しがあった。流域の山々から切り出された材木は、八幡町の吉田川と長良川の合流点の中野（郡上市稲成）や、高原《こうはら》（郡上市美並町高砂）で筏に組み、下流の立花（美濃市）まで流し、さらにここで幾つかの筏を連結して岐阜へと流した。

筏師たちは、例えば高原から立花まで筏を流し、帰りは川沿いに徒歩で高原に帰るというように、拠点ごとに次の筏師にリレーしていった。また、長良川の下流域、津保川と合流する芥見河岸（岐阜市芥見町屋）でも筏が組まれていた。

しかし、こうした筏流しは、鉄道や道路といった陸上交通の発達や、ダム建設によって各地で廃止されていった。長良川の筏流しは、国鉄越美南線が八幡まで開通した昭和四（一九二九）年の前年に廃止されたが、陸上交通が不便な地域では細々と行われていた。

さて、それ以前、日露戦争後の明治三九（一九〇六）年、日本陸軍は、朝鮮と中国の境を流れる鴨緑江《おうりょくこう》に軍用木材の拠点（のちの朝鮮総督府営林署）を設け、全国から筏師を募集した。岐阜県や愛知県からは二〇〇人程度、そのうち芥見河岸からは五〇人程度も筏師たちが応じている。この六〇〇キロにも及ぶ鴨緑江の筏流しは、昭和一九年、水豊ダムが完成するまで行われていたという。

風物詩、餌飼は重労働だった

かつて鵜飼のシーズンが終了すると、鵜匠たちは河川に鵜を放ち自由に魚を食べさせていた。これを餌《え》飼《がい》といい、小川で行う陸餌飼、日帰りの川餌飼、河川を巡る泊まり餌飼があった。

泊まり餌飼は、長良鵜飼（岐阜市）の鵜匠たちは木曽三川の本流の平野地域や牧田川、根尾川、鳥羽川などで行い、一方、小瀬鵜飼（関市）の鵜匠たちは木曽川沿いの八百津や長良川の上流部の郡上八幡や、武芸川、板取川、津保川沿いや馬瀬川、さらにはいったん伊勢湾に出て愛知県の新川、庄内川、蟹江川、日光川あたりまで出かけて行ったが、郡上美並で正月を迎えたこともあった。

長期にわたる泊まり餌飼は米、鍋釜、コンロ、薪はもとより日用品や炬燵《こたつ》をはじめ寝具一式を舟に積み込み、鵜と一緒に舟で寝泊まりをしていた。雨や雪が降るときには筵《むしろ》などで作った屋根を舟にかぶせた。また悪天候などで餌飼ができない場合は、魚屋で魚を買い鵜に与えたりもした。鵜を川に放ち餌を取らせるのは午前中に終わるので、大きな町で停泊した際には、午後は舟を降り銭湯や映画などに出掛けたこともあったという。

宝暦一三（一七六三）年、加納城下の清水川に長良の鵜匠が餌飼に来て、苦情が出たように各地でトラブルがあったが、尾張藩発行の「御紋付絵符」を持つ鵜匠たちが優位な立場にあったようだ。

この餌飼は、長良鵜飼では昭和三七（一九六二）年まで見られた。現在、鵜は鵜匠宅で飼われエサには北海道産のホッケを与えている。

鵜飼見るなら納涼台！

大正から昭和にかけて活躍した絵師吉田初三郎は、昭和九（一九三四）年、岐阜市などから依頼され、鳥瞰図《ちょうかんず》「世界一景岐阜長良川鵜飼図」を作成した。一方、この図と本当によく似た図柄の岐阜市の鳥瞰図がある。これは昭和一一年、岐阜公園で開催された躍進日本大博覧会の案内図として描かれたものである。

いずれの鳥瞰図にも長良橋の上流に六艘の鵜飼の舟が、橋のすぐそばの左岸、金華山麓のごつごつとした岩場に一〇軒ほどの小屋のような建物が描かれており、その上部には「納涼台」と書かれている。当時、「岐阜町に過ぎたるものは、名和昆虫館と金津遊郭の浅野屋と鵜飼の三つあり」と言われていたように、すでに長良川の鵜飼は国内はおろか海外にまで知られていた。

納涼台は大正末期に、鵜飼を長良川河畔から見物できるようにと設けられていた有料施設であった。昭和四年には、鵜飼遊船料が一円で、納涼台の利用料はその四分の一程度だったという。

このころ、対岸は山や竹やぶ程度であったというから、漆黒の闇に映える鵜飼を、納涼台から一杯飲みながら優雅に見物できたに違いない。

戦後の昭和二八年、鉄筋コンクリート二階建ての新しい納涼台「大衆鵜飼観覧所」が同じ場所に建設された。ロビーや和室や売店もあり飲食もできた。屋上は無料開放されていた。

これが好評だったのだろう。さらにもう一カ所、同様な施設が作られたが、二カ所とも利用者の減少によって、いつしか閉鎖されてしまった。現在は、その遺構が見られるだけである。

鵜飼の鵜、どこで捕獲？

長良川の鵜飼の鵜がリタイアすると、各鵜匠宅で余生を過ごすことになる。山下純司鵜匠宅を訪れた折、そんな鵜を見せていただいたことがあった。

さて、その鵜はどこから来るのであろうか。茨城県日立市十王町の伊師浜海岸で、毎年、春と秋に渡り鳥として飛来してきた海鵜を捕獲して、岐阜まで宅配便トラックで運ばれてくるのである。

伊師浜海岸の崖に囮《おとり》の鵜を置き、菰《こも》をかぶって身を隠して待ち、鵜が囮に寄せられて崖にとまると、先端に釣り針のようなカギを付けた長い棒で、鵜の足を引っ掛けて菰の中に引きずり入れて捕獲する。

現在、捕獲する人は四人で、捕獲技術は日立市無形文化財に指定されている。この地の十王川では、かつて鵜飼をしていたので、もともとは地元の鵜飼用に捕獲していたのが始まりであるという。

長良川の鵜飼で伊師浜海岸の鵜を使用するようになったのは大正末期ごろからで、ちょうど、伊師浜海岸あたりから岐阜まで鉄道輸送が可能になったこともあったらしい。

それまでは、愛知県の伊良湖岬をはじめ、日間賀島、篠島、あるいは三重県鳥羽市の答志島などで捕獲した鵜を使用していたという。これらの地域では、他地域から鵜を捕獲しに来た人々もいたというから、犬山や小瀬も加わっていたかもしれない。

鵜飼の鵜は鳥獣保護法によって、和歌山県の有田川の鵜飼以外は、伊師浜海岸で捕獲される鵜のみとなったが、かつては、各地で捕獲された鵜が鵜飼で活躍していたのである。

「嫁呼び」

近年の結婚式では、レストランなどを貸し切って、ごく近い親族のみで行うコンパクトな結婚式を見掛けるようになった。新婚旅行も時期をずらしたり行かなかったりするケースも多いという。

昭和四〇年代ごろまでは結婚式や披露宴は自宅で行うのが普通で、着飾った親類縁者の幼い男の子や女の子が三三九度の酌をしていた。

冷蔵庫、アイロン、白黒テレビ、洗濯機などの電化製品のほか、タンス、食器棚、寝具や足踏みミシン、婦人乗り自転車などさまざまな嫁入り道具が、紅白の幕が張られたトラックで運ばれる光景が見られた。地域によっては、ご近所に座敷に置かれた花嫁道具の数々を見せるという風習もあった。

結婚式の後には、姑が新嫁を連れて向こう三軒両隣と、いわゆるご近所に挨拶《あいさつ》回りを行った。

さて、そんな時代、羽島市内のある地区では、結婚式の翌日あたりに、「嫁呼び」という習慣があった。これはご近所への挨拶回りの代わりのようなもので、同じ地域の女性、それも姑クラスの女性を招き、ご馳走を振る舞うのである。普段の割烹着《かっぽうぎ》ではなくずらりと揃《そろ》ったよそ行きの着物姿の女性たちに、姑から嫁を紹介する。これで正式にその地域に仲間入りするのである。

嫁は、この折に嫁ぎ先の地域のしきたりや風習を聞かされたというが、嫁の品定めという面もあったことであろう。この「嫁呼び」と呼ばれる習慣は、内容は異なるものの今日でも長野県や愛知県の一部などであると聞くが、結婚が「家」と「家」との結びつきであったことの名残であろう。

消えた「貸間あり〼《ます》」

昭和四七（一九七二）年封切りの吉永小百合がマドンナ役を務めた映画「男はつらいよ柴又慕情」では、団子屋のおいちゃんが、寅さんの自室となっている二階を貸すことに端を発し、騒動が起こるというシーンがあった。

昭和四〇年代ごろまでは、岐阜市の街中では母屋の二階や離れを間仕切りした部屋を借りていた学生、独身者、あるいは家族連れが多く見られた。筆者の友人は、学生時代に民家の二階に下宿していたが、朝は大家さん一家と一緒に食事して、昼食は学食、夕食は下宿近くの食堂が多かったという。門限はあったが、家族同様の扱いで、時には大家さんの子どもの家庭教師もしていたようである。

当時は、軒下に「貸間あり〼《ます》」というような木札をぶら下げた民家がよく見られた。岐阜市内の加納地区のある民家では、和傘の作業場だった二階の大きな板敷きのスペースをいくつかの部屋に間仕切りして、独身者に貸していた。その家の貴重な副収入だったろう。もちろん、台所やトイレは共同で、風呂は近くの銭湯に行くのである。家族連れでも、台所やトイレがない六畳一間とか、良くても二間続き程度の部屋で暮らしている場合もあった。

これが戦後の住宅事情なのだが、この住宅不足の解消のため、岐阜市では昭和二九年に造成された岩田坂団地を皮切りに、松籟団地や三田洞団地が、さらには、大規模な大洞・大洞緑団地も生まれた。

現在では「貸間あり〼《ます》」と書かれた木札や張り紙がみられる民家はもうなくなった。

「お日待ち」＝町内会総会？

ある年の一月、岐阜市内のホテルのロビーで、とある町内の「お日待ち」の会場を案内する掲示板を見かけた。毎年一月から二月にかけてはお日待ちのシーズンである。お日待ちとは町内会の年次総会のことで、ホテルや料理店、あるいは公民館などでほとんどが宴会とセットで開催されている。

元来、お日待ちは、庚申待《こうしんまち》ともいわれ、平安時代から始まって江戸時代に各地に広まったという信仰である。

六〇日に一度の庚申《かのえさる》の日に、人の体内に棲《す》むという「三尸《さんし》」という虫が、人が寝ている間に人から抜け出して天帝に日頃の悪事を報告するのだが、天帝はその報告をふまえてその人の命を縮めるという。

三尸は、人が寝ないと報告ができないので、その報告する夜に、人々は庚申講という講を作って、見ざる、聞かざる、言わざるの三猿を従えた青面金剛、あるいは猿田彦の像や図の前で、朝まで寝ずに飲食するようになったという。つまり、天帝に報告されない工夫なのだが、夜明けを迎えずに酔っぱらって寝てしまう心配はある。

現在、肝心の庚申講はほとんど廃れたようだが、お日待ちという言葉は今日に残り、いつしか町内会総会のことを表す言葉となったのではないかと思われる。もっとも、団地など新しい町では、お日待ちといわず町内会総会というのが普通である。

岐阜県各地でみられる庚申堂や庚申塚で、朝まで飲食した当時のお日待ちをしのぶことができよう。

葬式が土葬だったころ

一九六〇年代であろうか、現在の山県市美山町のある集落に住む人の葬式に参列したことがあった。自宅で葬式を行ったあと墓地まで行列を組んで歩いた。いわゆる野辺送りである。その折、小銭が入った運動会の玉入れの竹籠を一回り小さくしたような籠を左右に振り小銭をばらまいた覚えがある。

葬式の行列が墓地に着くと、すでに、長細い棺桶のスペースの分だけ穴が掘ってあり、僧侶の読経の間に棺桶をすっぽり納める。その上に土をかぶせて、その傍らに木製の柱のような墓を立てて終わった。木製の墓には僧侶の手になる毛筆で戒名や日付が書かれている。

この木製の墓は自然と朽ちるまでそのままに置かれているのが普通で、埋葬後、やがて棺桶が腐ると地面がくぼむ。そこでさらに土盛りをするが、この時点で死者は天国に行くという話を聞いたことがあった。こうして遺体は土に返っていくのである。

さて、土葬の折の墓地の穴掘りは、この集落では隣の集落の人が輪番で行うが、穴掘りは下手に掘ると隣に埋められていた遺体が出てくることもあるというから、技術も必要となってくる。また時折、骨が出土するが、おかまいなしだという。骨となった故人は身内であるからであろうか。

穴を掘る人には酒と肴を出して労をねぎらった。地域によっては同じ集落の人が輪番制で穴を掘る場合もあったが、墓を掘る人は葬式には列席できないとか、あるいは上席に座りもてなしを受けるという習慣もあった。法律上のこともあろうが、いつしか土葬も野辺送りも廃れてしまったのである。

自宅で葬式、地域ぐるみ

ほんの少し前まで、葬式はほとんどが自宅で行われていた。大きな家では仏間や居間などの襖を取り払い、大きな空間を作り、そこに白黒の幕を張り、祭壇をこしらえた。これらの葬式の設営や運営、おときの食材の買い出し料理まですべてをリーダー（長老の男性が多い）の指示のもと、しきたり通りに地区や町内総出で行っていた場合が多かった。

さらにリーダーは葬式の収支決算を行い、余剰金を喪主に渡していた。余剰金はかなり大金となるが、のちの一周忌、七回忌などの法事の経費となった。なかには屋根を葺《ふ》き直す費用ほどの金額にもなったこともあるという。ただ、同じ地域に住む人々の香典は、かなり低額だったと聞く。

喪主側は原則、何もしないことが多かった。葬式の設営から運営まで、地域の人々のボランティアであった。だから葬式が終わると、今度は喪主側がお手伝いしてくれた人々を、酒と料理でもてなしていた。

やがて葬式は冷暖房完備の葬儀場で行うようになり、地域の人々が葬式の運営に関わることは減少していった。かつて葬式を手伝う地域の人は仕事を休んでいたが、しだいに休みづらい社会環境となってきたことの影響でもある。近年では、地域の人々がまったく関わらない身内のみの家族葬が多くなり、岐阜県内にも家族葬専用の施設がある。

このように葬式は、日常生活の変化とともに形を変えていったが、亡くなった人を弔う気持ちは不変であろう。

いまどきの葬式事情

最近、著名人が亡くなると「葬式は近親者のみで済ませた」という新聞記事を多く見かけるようになり、家族葬がよく行われるようになった。

瑞穂市のある団地では、遺族が「家族葬で済ませた」と葬式が終わってから町内会長に知らせるのが普通になってきたといい、また、関市のある団地に住む友人は「うちの団地では、遺族から家族葬にするからと町内会長に告げると、その旨、回覧板で知らせ町内会長だけが通夜に出かけ香典を渡す程度」と語ってくれた。

筆者の母が平成二七年に死亡した折には、小さな斎場で家族葬を行った。祭壇を省き焼香台のみの地味な葬式ではあったが、近親者だけで、じっくりと別れの時を過ごすことができて良かった。

とはいえ、家族葬のほうがすべて良いとは決していえない。利点は気心がしれている身内だけで、ゆったりとした時間の中で行うことができることであろう。この家族葬を済ませた後、ある方から「葬式は互助だからね。助け合わないと」と御仏前を頂いたことがあったが、この言葉は深かった。

また、家族葬のとき葬儀社の方から、岐阜でも葬式だけの「葬式僧侶」や火葬場だけで済ます「直葬」も珍しくないと聞かされた。

将来、遺族が自家用車で直接火葬場まで搬入するということも考えられなくもないが、そこまでいくと非常にむなしいものが感じられる。

生前葬と各務支考

かつて葬式は自宅で行っていた。しかし、いつのまにか葬式は自宅から葬儀場に移り、しかも近年には、ごく身内のみの家族葬、火葬のみの直葬や無宗教での葬式も見られるようになった。

あるとき、無宗教でわずか十数人の家族葬に立ち合った。儀式といえば棺桶の前に小さな文机のような台を置き故人の写真を立てて、白菊を献花するだけであった。

葬式の中でも、ユニークなのが生前葬である。時折、友人と話題には上るが、結局、生前葬には誰もこないだろうという結論となってしまう。まあ現代の葬式は義理の会葬者が多いという共通認識があるという証拠であろうか。

この生前葬、なにも新しい現象ではない。「逆修」といって元慶七（八八三）年、禅林寺で行われたのが最初といわれ、平安時代から生前に葬式や供養を行う習慣が貴族層から広まった。平重盛など多数記録があるが、そのなかでも有名なのは、芭蕉の高弟で獅子門の始祖でもある各務支考の生前葬であろう。

支考四七歳のときであった。嫉妬心や非難、中傷から逃れるためとかいわれているが、実際はそれまでのことをいったんリセットして、俳諧における新たな創作活動の転機とするため、という発展的な考え方に基づいて行われたものだという。

支考のような、さらなる自己の発展のための生前葬であればぜひとも参列したい。そうそう、生前葬は日時や内容を本人が決められるのがいい。

戦後、長良川の花火に酔う

ヒュー、ドーン。昭和二一（一九四六）年八月一〇日、夜七時三〇分、岐阜市長良川河畔において「全国煙火競技大会」が開始され、岐阜はもとより関東、関西、中京の花火師が集まり、一〇〇〇発以上の打ち上げ花火を競った。国鉄が臨時列車の増発や車両を増結したこともあって、観衆は一〇万人以上に及び、外国人記者が訪れ日本映画社が取材をした。つい一年前までは、空襲におびえる毎日であったが、今夜ばかりは、「よろこびの平和到来を告げる夜空の饗宴」と翌日の岐阜タイムス（岐阜新聞）に高らかに報道されたように、観客は平和をかみしめながら空を仰いだことであろう。

さて、昭和三〇年代前半、岐阜市内にまだ丸物百貨店のほかビルらしいビルが建っておらず、木造の家ばかりが立ち並んでいたころの花火大会といえば、人々が道路の片隅に縁台を出し、そこに座って屋根の上に上がる花火を楽しむ姿が見られた。

また、長良川の両岸の地域では、親戚や知人を招き二階の和室の襖《ふすま》を外し、そこからごちそうを食べながら花火を鑑賞していた人たちも多かった。高富方面からは、当時珍しかったトラックの荷台に乗った人々が長良地区までやってきたというが、トラックの荷台が最高級の桟敷《さじき》になったに違いない。

現在、「全国煙火競技大会」から「全国花火大会」と名前は変わっても、ハート形や、色がさまざまに変化する花火などが出現するとともに、打ち上げにはコンピュータを導入するなど格段に進化して岐阜市内はもとより遠方から来た観客を楽しませているのである。

花火大会と山下清

「裸の大将」とか「日本のゴッホ」と呼ばれた山下清は花火大会が好きで、長岡や諏訪湖など全国各地の花火大会を訪れ作品を残している。

ある年、富山県水墨美術館で「生誕九〇周年記念　山下清展」を鑑賞したことがある。岐阜市の正法寺の籠大仏をマジックペンで高い位置から描いた「岐阜の大仏」と、長良川の花火大会の貼り絵の二点が展示してあった。同時に、記録映画「はだかの天才画家山下清」のビデオ上映もされておりこれも鑑賞した。この中に昭和三二（一九五七）年八月三日、長良川河畔で開催された岐阜タイムス（岐阜新聞）主催の第一二回全国花火大会を山下清が弟と訪れ、ランニング姿で花火をスケッチしているシーンが映し出された。翌日の岐阜タイムスの記事によると、「『花火の大将だナ』と例の山下調でブツブツ」とある。日が暮れる前から岐阜タイムスの特別桟敷に座っていたという。

また、この記録映画には、岐阜の花火大会の貼り絵制作シーンもあり、山下清が色紙を太い指で器用に五ミリ四方ほどにちぎる様子や、細長くちぎって中心から放射状にひろがる花火の線そのままのように、のりを付け台紙に貼り付けていく場面が克明に映し出されていた。

山下清がこの花火大会をスケッチした別の作品が、岐阜タイムス経由で貰《もら》い受けたという長野県の花火会社にあるという。鵜舟が浮かぶ長良川の上空に上がる花火や、しだれ花火が描かれている。

もし山下清が、格段に華やかになっている現在の花火大会を題材にしたら、どんな作品になるのだろう。

「金津園」特殊飲食街に

明治二二（一八八九）年、厚見郡上加納村高巌（現在の西柳ケ瀬かいわい）に遊廓「金津園」が開設された。以来、東京の新吉原と比較されるほどのにぎわいを見せるようになり、のちの繁華街柳ケ瀬の発展の基礎となっていった。戦時中、金津園をいったん廃止して手力（岐阜市）に移転した。新たな「特殊飲食街」というかたちであった。これは金津園の建物を川崎航空機の寮にするという軍部の意思があったといわれているが、移転となっても本質的なことは同じで、戦時中でもあり名称を変更したのであろう。

移転にあたっては権利金五〇万円が渡され、さらに岐阜市の斡旋によって一万坪を二二万円で買収、直ちに建設に取り掛かっている。一〇〇戸が計画されたという。場所は、陸軍六八連隊と陸軍各務原飛行場の中間あたりの田園地帯で、昭和一八（一九四三）年に建設が始まり、昭和一九年中には新しい建物で開業している。

戦後になると手力の「特殊飲食店」は、柳ケ瀬に復帰したいという意思があったようだが、空襲で焼失した金津園があった元の場所は、すでに旅館街となっており断念した。そこで戦災で焼失した加納水野町の工場跡地に移転し、昭和二五年一〇月一五日、七〇店余りで金津園を再スタートさせた。

また、経営者の家族も移転し、それまで岐阜市立長森南小学校に在籍していた児童たちは、岐阜市立加納第二（加納西）小学校に集団編入した。編入にあたっては、全校児童が運動場に整列して出迎えている。

このような歴史を持つ遊廓「金津園」は、昭和三二年一二月三一日、幕を閉じたのである。

聖火リレー

昭和三九（一九六四）年、東京オリンピックが開催され、同年一〇月二日に、岐阜でも聖火リレーが走った。ＪＲ岐阜駅の東、旧東陸橋の南東詰めに、その記念碑がたたずんでいる。

ところで、昭和三三年五月一四日、第三回アジア競技大会の聖火リレーが、この同じ道を通過している。聖火リレーは前日の午後一時、滋賀県境でバトンタッチされ関ケ原町、大垣市赤坂町と通り、大垣市から岐阜市へ向かい司町にあった岐阜県庁で一泊。一四日には岐阜市を南下、笠松町に入り木曽川大橋の愛知県側で愛知県へバトンタッチされたのである。ハチマキを巻いた体操服姿の聖火ランナーや伴走者たちのほかに、なんと伴走する数台のスクーターも見られた。

アジア競技大会は戦後まもない昭和二六年、ニューデリーで第一回が、昭和二九年に第二回がマニラで、そして第三回が昭和三三年五月二四日から八日間、東京で開催された。アジア競技大会の東京開催は、戦争中のまぼろしとなったオリンピックの東京開催の誘致を念頭に置いていたという。つまり、東京で初めて国際的規模の競技大会を成功させることで世界中にアピールする目的があったと思われる。

岐阜県内で聖火リレーがあった日、東京ではＩＯＣ総会が開催され、さらにＩＯＣ委員たちは第三回アジア競技大会を観戦している。そして翌年のＩＯＣ委員会で東京オリンピックの開催が決定された。

東京オリンピックの聖火リレーは人々の印象に残っているが、第三回アジア競技大会で、ハチマキを巻いた聖火ランナーたちが岐阜県内を走ったことは、あまり知られてはいないようである。

県域ラジオ放送開局五〇年

机の隅に小さなラジオが置いてある。ＡＭ・ＦＭラジオ、ライトと手回し充電機能や携帯電話用の端子もある災害用ラジオではあるが、どこかにしまっておくよりは、日ごろ使っているほうが、いざ、というときに素早くラジオから岐阜県域の情報を聞けるからである。

岐阜県における県域ラジオ放送は、昭和三〇（一九五五）年、岐阜市の通称水道山の麓に社屋を置いたラジオ局に始まる。ところが、数年のち、三重県にあるラジオ局と合併、名古屋に移ってしまった。

災害時にはラジオ放送は貴重な情報源となる。しかし昭和三四年の伊勢湾台風のとき、ラジオから流れる情報は名古屋市の港区あたりの被害ばかりで、岐阜の被害情報はあまり無かった記憶がある。当時、災害時に素早くきめ細かい報道ができるラジオ局が岐阜県にも欲しい、という話があったというが同感である。

そういったなか、昭和三七年、ラジオ岐阜の誕生となった。一二月だろうか、鉱石ラジオのイヤホンから流れる試験電波の音楽を聞いたときは本当にうれしかった。後年、ラジオ岐阜の担当者が、試験電波のチェックのため滋賀県や愛知県三河地域まで出かけていったという苦労話を聞いたことがあった。

こうしてこの年の一二月二四日のクリスマスイブ、岐阜新聞の社屋を改造したスタジオから、ＪＯＺＦ・一四三〇キロサイクル・ＧＢＳラジオ岐阜の本放送が開始されたのである。以後、岐阜県内の災害時でのきめ細かい報道はもとより、数々の名物番組を誕生させた。さらに昭和四三年、テレビ放送も開始した「ぎふチャン」は、平成二四（二〇一二）年には五〇周年を迎えたのである。

久々野に月見の地名

中秋の名月を鑑賞するという習慣は中国から渡来したもので平安時代には宮中の年中行事となり、また全国に広沢池、姨捨山など「月の名所」が生まれていった。

高山市の宮峠の南側、久々野町山梨地区は、古くから観月の名所として知られており、月見平という地名がある。また同所にはその名も転月ヶ丘観音堂という社《やしろ》の境内に転月の石碑が残されている。地元の人から「あの山から月が上ってくる」と教えてもらったこともあった。

また、海津市南濃町の高須藩松平家菩提寺の行基寺は、名月の寺として著名で「お月見参拝」ができる。

ススキを花瓶に生け、お月見団子を供えるという月見の行事は、いつしか各家庭でも行われるようになった。各務原市川島町では、ススキと萩を生け、月見団子は一二個、旧暦の閏月《うるう》がある年には、一三個供えており、関ケ原町あたりの家庭では、芋や大豆を供えた。

各務原市川島町では中秋の名月のほか、後の名月とか十三夜ともいう旧暦の九月一三日は、豆名月といい、枝豆をゆでて供えた。岐阜市鏡島でも、両方の月を愛《め》でる。片方だけでは縁起が悪いからだという。

十三夜を愛でるという習慣は中国にはなく、平安時代の宇多法皇のころに始まり、いつしか仲秋の名月を芋名月といい、十三夜は豆名月ともいうようになった。

この時代、月見は家庭では簡素化されてまったが、名月はもちろん、十六夜《いざよい》、立待月《たちまちづき》、居待月《いまちづき》、臥待月《ふしまちづき》と月を愛でながらの「月の宴」は、左党ならずとも楽しみであろう。

淡墨桜と薄墨桜

継体天皇のお手植え伝承で有名な根尾（本巣市）の淡墨桜は、樹齢一五〇〇年あまりのエドヒガンザクラである。現在では、淡墨桜の周辺は公園となり整備されているが、かつては畑の中にあった。淡墨桜は、宇野千代の『薄墨の桜』によって全国的に知られるようになったが、一時は枯れる寸前の老木であった。しかし、地元の人々の懸命の努力によって毎年見事な花を咲かせている。

継体天皇お手植え伝承の桜は福井県鯖江市の薄墨桜のほか、福井県越前市の花筐《かきょう》公園の樹齢五〇〇年から六〇〇年という薄墨桜があり、男大迹王《おほどのおおきみ》（継体天皇）と照日御前の恋物語を描いた世阿弥の謡曲「花筐《はながたみ》」で有名である。

継体天皇は、近江高島で誕生し越前で育たれたといわれ、祖母は美濃の牟義都《むげつ》氏、祖父は北近江の豪族、天皇に即位する前の妻は尾張氏であったという。大伴氏や物部氏らによって擁立されたが美濃、尾張、越前、近江あたりの豪族の支持があったといわれている。しかし、大和には反対勢力があり河内樟葉宮《かわちのくずはのみや》（大阪府牧方市）で即位され、大和に入られたのは即位後二〇年目だったと伝えられている。

大和の薬師寺には、根尾村から寄進された淡墨桜と、福井県越前市の花筐保存会から寄進された薄墨桜が植えられている。

薬師寺で咲く、それぞれの桜のジュニアたちは、継体天皇系の子孫や支持してきた豪族たちが、いつしか日本の歴史の中に埋もれてしまったことを知っているだろうか。

城山公園と桜野公園の桜

天正一三（一五八五）年、越前より飛騨に入り三木氏を滅ぼした金森長近は、天正一六年、高山城築城に着手し、初代高山藩主となり飛騨を治めたが、元禄五（一六九二）年、六代金森頼時のとき、出羽上ノ山（山形県）へ転封となった。高山城は破却され、飛騨は幕府領となり伊奈半十郎が初代代官となった。

さて、文化年間（一八〇四～一八一八）、飛騨郡代の配下の貝塚文次右衛門が、町の人々を楽しませるために、この高山城跡に桜を植樹した。こののち一九代郡代大井帯刀も同様に植樹したという。さらに城跡は明治以後、城山公園として整備。ソメイヨシノなどの桜が植樹され、今日にいたった。

このように高山城跡には、江戸時代から桜が植樹されたのだが、もっと古くから桜が植樹されたと伝わるのが、高山市国府町、宮川沿いにある桜野公園である。南北朝末期、近くの広瀬（田中）城主の広瀬宗勝が吉野より桜を取り寄せたとか、天文（一五三二～五五年）のころ、あるいは永禄（一五五八～七〇年）のころ、大和吉野から七種五〇〇本を広瀬城から望める現在の桜野に植樹したという伝承がある。

江戸時代にも郡代大井永昌が桜を植樹したという。このころ植えられた桜は近くの広瀬神社近くまで及び、その数は数千本だったといわれ、いつしか広瀬桜と呼ばれるような桜の名所となっていった。

明治初頭、高山県知事の梅村速水によって多くの桜が伐採され、のちには国道拡幅工事によっても伐採されてしまった。しかし、今では、地元の人々によって見事に復活し、ソメイヨシノ、エドヒガンザクラ、ヤマザクラなどの古木や若木など三〇〇本ほどが花を咲かせている。

第三章　学校と学び

学制発布時の学校名

煥章学校、文林学校・漸學支義校、精進校、善恵義校、協同義校、好問義校・出藍義校、桜義校。

明治五（一八七二）年、明治政府は学制を発布し全国で小学校が設立されていったが、これらの学校は岐阜県内で設立された小学校の前身学校名のほんの数例である。

江戸時代からあった加納藩や大垣藩などの藩校や寺子屋から、あるいは新たに興された小学校もあったが、設立当時の学校名には建学の精神や子どもに対する思い、あるいは願いが込められている。

学校制度はできたものの明治政府に資金はなく、当初は寺や神社を仮校舎として開校されている。地域の人たちが、子どもたちのためと山から木材を切り出して手弁当で建てたという例もある。それはともかく、いつしか地区名と同じような学校名となっていったが、そのような中、岐阜市立且格《しょかく》小学校は明治六年創立の且格義校以来の校名を守っている。

ところで、岐阜市では平成二〇（二〇〇八）年に岐阜小学校、平成二三年に明郷小学校、平成二七年に徹明さくら小学校と、平成になって幾つかの小学校が統合され新しく誕生した。合併以前の伝統ある小学校の歴史の上に、新しい学校名のもと、新たな歴史を重ねていくことになったのである。

最初に紹介した学校の現在名をあげる。煥章学校（高山市立東小学校）、文林学校・漸學支義校（恵那市立上矢作小学校）、精進校（中津川市立田瀬小学校）、善恵義校（八百津町立八百津小学校）、協同義校（揖斐川町立揖斐小学校）、好問義校・出藍義校（羽島市立竹鼻小学校）、桜義校（郡上市立八幡小学校）。

岐阜の図書館物語

岐阜県における図書館の始まりは、江戸時代まで遡《さかのぼ》る。

高山においては、学者で国学と俳諧結社の鷗社（のち雲橋社）主宰の加藤歩簫が、天明四（一七八四）年、雲橋社文庫を設立したのに始まり、のち雲橋社で学んだ国学者の田中大秀《おおひで》が、天保一五（一八四四）年に同じく高山で荏野文庫を設立した。

大垣では、大垣藩の八代藩主戸田氏庸《うじつね》が、天保八年に正式な学問所を設立したころ、家老の戸田頼及の提唱によって、歴代藩主の所蔵書を基にして文庫が設立されている。このように岐阜県ではすでに江戸時代に図書館の原形が誕生していた。

近代に入ると、岐阜市では「東京では図書館というものがあって、学校へ入れない者はそこにいって勉強することができる」と言った児童文学者の木村小舟が、自費で買い集めた書籍を元に、岐阜市や民間の支援によって大正二（一九一三）年に私立の岐阜通俗図書館を設立しているが、大正八年に焼失した。

大正一二年、こんどは国鉄岐阜駅長の北川弥三松が、赤坂町（大垣市）の矢橋亮吉から土地建物の提供を受け、加納町（岐阜市）に私立の岐阜簡易図書館を設立した。この図書館が現在の岐阜市立中央図書館の前身なのである。

このように、江戸時代には藩士や人材の育成のための文庫が、近代になると学校へ行けない者たちのためというような個人の思いや理念に基づいて図書館が設立されていったのである。この理念を大切にしたい。

戦前の修学旅行は、海外旅行気分

現在では海外が珍しくない高校の修学旅行だが、戦前から行われていた。

まず、飛騨高山高校の前身である高山高等女学校で見てみる。修学旅行は大正一〇（一九二一）年から始まったが、高山線が高山まで開通するまでは、高山から汽車の通っている駅まで徒歩や自動車で出掛けていた。

高山線が全線開通した翌年の昭和一〇（一九三五）年の修学旅行は、高山から汽車で出発して、富山、親不知、長野、日光、東京、横浜、横須賀、江の島、伊勢、名古屋と巡る九泊一〇日で行っていた。初めて海を見た生徒や、横須賀で海軍下士官の制服にときめきを感じた生徒もいたという。

次に斐太高校の前身である斐太中学の大正一〇年の修学旅行はというと、四月二〇日、高山を出発した生徒たちは、水無神社で旅の無事を祈願して宮峠を越え、萩原、金山と南下、さらに金山から美濃町に到着した。高山から美濃町まで三日がかりで歩き、人力車や馬車にも乗っている。二三日に美濃町から電車（美濃電気軌道・のちの名鉄美濃町線）に乗り岐阜に到着し、岐阜であらかじめ郵送してあった靴と履き替えている。つまり高山から岐阜までは草鞋《わらじ》履きだったのである。この後は汽車で京都、大阪、奈良、伊勢、名古屋と巡った。五月一日、名古屋で今度は靴を草鞋に履き替えて中央本線に乗り、坂下で下車した後は加子母で一泊し、舞台峠から下呂と北上、さらに小坂で一泊して三日に高山に帰っている。実に一四日間の旅であったのである。どちらも、現在の海外に行くような気分の修学旅行だったのだろう。

桂川の蛍、皇室に献上

あるとき、養老の滝の近くにある老舗旅館に仲間と一緒に会食に出かけた。そのおり「シーズンになると庭の池に蛍《ほたる》が飛ぶの」と若女将《おかみ》が語ってくれたことがあった。

かつて、岐阜県内には多くの蛍の名所があった。例えば、高富（山県市）の鳥羽川あたりでは夜店がでるほどにぎわっていたという。もちろん現在でも蛍の乱舞が見られる河川は各地にある。

さて、揖斐川町の桂川は古くから蛍の名所として知られ、かつて「献上蛍」と呼ばれ厳重に保護されていた。それは、大正一四（一九二五）年から、揖斐尋常高等小学校（現揖斐小学校）の児童で構成されていた揖斐少年赤十字団によって皇室へ蛍の献上が始まったからである。献上先は最初、澄宮栄仁親王（三笠宮さま）のみであったが、のちになると継宮明仁親王（天皇陛下）、義宮正仁親王（常陸宮さま）、照宮成子内親王（東久邇）、孝宮和子内親王（鷹司）、順宮厚子内親王（池田）、清宮貴子内親王（島津）と、昭和天皇のご一家の親王、内親王まで献上されるようになった。揖斐小の児童たちも同行するようになった蛍の献上は、戦争が激化していた昭和一八（一九四三）年まで続いた。

しかし昭和二五年から再開されたものの、献上先は皇室とGHQ最高司令官マッカーサー夫妻となった。さらに翌年には皇室ではなくマッカーサーの後任のリッジウェイや東海北陸民事部長官クルタース大佐、名古屋国連軍病院となったのである。終戦当時の状況を物語っているようだが、翌年で終了している。

現在も、桂川では「献上蛍」の末裔たちが乱舞している。

名古屋からの学童疎開

ずいぶん前、書名は忘れたが、井上ひさしの随筆を読んでいたら、戦時中、少年時代の井上ひさしが住んでいた山形県の田舎町に東京からかわいい女の子が疎開してきた。それがのちに女優となった白川由美であったというようなことが書いてあった。

昭和一九（一九四四）年、戦局の悪化に伴い、東京、名古屋、大阪など大都市から地方へ児童疎開が始まった。縁故のある児童は縁故疎開、それ以外は集団疎開であった。

静岡県や三重県とともに、岐阜県では県内各地で名古屋市の児童を引き受けていた。例えば飛騨地域では、八月に六反国民学校（現笹島小学校）の児童三七六人が高山市へ、露橋国民学校（現露橋小学校）の児童三七七人が吉城郡古川町（現飛騨市）と細江村（同）へ、さらに中川国民学校（現中川小学校）の児童三七二人が益田郡下呂町（現下呂市）と萩原町（同）へ、などと集団疎開している。

また、同じく八月に現在の安八郡神戸町地内に名古屋市橘国民学校（現橘小学校）の児童三〇二人が、翌昭和二〇年五月には名古屋市桜国民学校（現桜小学校）の児童一六三人が集団疎開している。

神戸町の場合、授業は地元の国民学校で宿舎は寺院が充てられていたが、宿舎が不足したために、ある呉服店が三一人の児童と三人の先生、それに寮母を受け入れたということもあった。

一方、児童たちを受け入れ、すし詰め状態であった国民学校は、農村部といえども運動場が畑と化していた。そんな時代の学童疎開だったのである。

「書生」と奨学金給付

書生とは明治から戦前にかけて、地方から都会に出て下宿しながら大学に通っていた学生のことであるが、篤志家の家で下宿し学費や生活費など無償援助を受けた経済的に困難な学生をいうこともある。

さて、赤坂（大垣市）の資産家の家に誕生して岐阜中学（岐阜高校）を卒業した矢橋亮吉は、大学進学を親に反対された明治一六（一八八九）年、家を飛び出して上京し、大垣市出身の東京大学教授関谷清景宅に身を寄せ書生となった。のちに実業家になった亮吉は、岐阜市の邸宅でこんどは多数の書生を住み込ませ、学費や生活費を無償援助し、中学（旧制）や高校、大学に進学させた。ここで巣立った書生たちは、のちに各分野で活躍していったが、これが今日の公益財団法人矢橋謝恩会に継承されていった。

大学進学率が向上する一方で家計が厳しい家庭が多い現在、経済的な理由だけで学問の道を閉ざさせることは、社会にとっては重大な損失である。こういった中、岐阜県では返済が不要な奨学金を給付する公益財団法人十六地域振興財団が知られており、大いに貢献している。

また、平成二八年一月二七日、公益財団法人岐阜杉山記念財団が設立された。岐阜県内の大学から推薦された学生を選考し給付するということだが、ここからどんな逸材が誕生するのだろうか。大木になる苗を育てるがごとき事業の果実、いや成果は大きなものがある。

現在では「書生」は古語になってしまったが、このような篤志家の精神と事業は今日まで受けつながれているのである。

新制中学校の誕生

戦後の学制改革で義務教育の小学校、中学校、そして高等学校、大学という、いわゆる六・三・三・四制がスタートした。それまでの中学校、女学校と多くの専門学校は新制高校となり、新たに誕生した義務教育で入学試験がない中学校は「新制中学校」と呼ばれた。

この新制中学校は従来の小学校高等科を三年にするということではなく、原則、小学校と別校舎、教員の兼任も認められなかった。校舎も運動場もない状態で新制中学校がスタートしたため、各地域や学校では学校建設にあたってさまざまな活動をしていた。

設立当時の例を、岐阜市立加納中学校で見てみる。焼け残った岐阜第二中学校（加納高校）の校舎と、加納小学校の校舎の一部を借りて、昭和二二（一九四七）年四月一日、岐阜市第五中学校として開校した。

まもなく学校内に学校建設委員会を設置、募金活動を開始した。育英会（ＰＴＡ）は名古屋市栄の松坂屋付近で「五中建設資金募集」と書いた看板を立てて和傘を販売、また校区に対しては一戸につき当時としては高額な八〇〇円の寄付を募った。ちなみに昭和二四年ころ、ハガキは二円、封書は五円であった。

校舎の建設用地は、当初、長良川右岸、忠節橋北側の旧河川敷という声もあったが、加納からは遠く、現在の場所となった。用地買収に二年を費やし、昭和二四年に田んぼを埋め立てて、やっと二〇教室分の木造校舎が完成した。校舎の落成式では、学級ごとに造った神輿を生徒や教員が担ぎ、校区全域を練り歩き喜びを分かち合ったのである。

修学旅行専用列車「こまどり号」

昭和三八（一九六三）年、舟木一夫の「修学旅行」がヒットした。当時の修学旅行は、汽車や観光バスなどを使って行われていた。そのような中、昭和三四年、国鉄では修学旅行専用列車「ひので号」「きぼう号」を、翌年には岐阜、愛知、三重の東海地方と関東を結ぶ「こまどり号」の運行をスタートさせた。こまどり号は一二両編成で定員九七八人。他の修学旅行専用列車と同じく国鉄と学校関係者による委員会で運行、管理されていた。

昭和三五年六月五日、岐阜市立加納中学校の三年生たちは、こまどり号に乗って関東へ向かった。「岐阜・東京間六時間、準急『東海』なみのスピード、放送施設、メモの机、速度メータ設置などに一同大いに満足」（「加納中50年」）と、こまどり号乗車の感想を引率の教員が綴っている。

こまどり号は、四人掛けのボックス席（クロスシート）で、真ん中に小さなテーブルがあり、トランプなどゲームができた。生徒たちによるガリ版刷りの修学旅行のしおりや、同じくガリ版刷りの歌集も小さなテーブルに置かれていただろう。一般の乗客は乗車していないので、歌を歌ったり騒いでもよかった。

平成三（一九九一）年五月八日付の岐阜新聞朝刊の紙面には「のんびり修学旅行　在来線で東京へ」の見出しで、岐阜市立長良中学校三年生たちが、こまどり号にカセットデッキを持ち込む様子などが掲載されていた。このころの修学旅行は、新幹線網の発達に伴い、在来線の修学旅行専用列車が廃止されていった時代だったのである。

忘れられない織姫たち

筆者が取材した『写真集　ふるさと羽島・海津』(郷土出版社)には繊維業が盛んな時代、紡績や縫製工場で懸命に働く姿や、鉄筋四階建ての独身寮、社内運動会に文化祭と、「織姫」と称して大切にされていた若い女工さんたちの写真が多く掲載されている。そんな彼女たちの多くは、岐阜県立羽島高校柳津分校や南濃高校など定時制高校に通学していた。

ある年、鹿児島県の坊津や知覧、鹿児島を仲間と訪れたことがあった。知覧から鹿児島に向かう途中、山間部の道沿いにある地元の野菜や産物を売っている小さな店に立ち寄った。そのとき、六〇代の店の女性から「どこから来たの」と声を掛けられた。岐阜から来たと返事をすると、若いころ、岐阜の紡績工場で働きながら岐阜市立華南高校と短大に通い、卒業後は鹿児島に帰り結婚したと語ってくれた。

華南高校は、岐阜商工会議所が設立運動を展開して昭和四二(一九六七)年に開校した定時制高校で、一九年後の閉校までに二六〇〇人ほどの卒業生を送り出している。

この織姫たちのために、さらに短大まで設立された。これは高校四年、短大三年と七年間働くことを意味し、人手不足の時代にあった経営者にとってもありがたいシステムであった。繊維業が盛んな時代、特に若い女性たちの就職先を岐阜に誘致するために設けられた定時制高校は、のちには繊維不況などによって閉校あるいは全日制のみとなっていったのである。

岐阜の産業発展に寄与し、勤労学生として懸命に生きた織姫たちを忘れることはできないであろう。

第四章　祭り・祈り・伝承

一宮、二宮、三宮

「一番はじめは一宮、二は日光東照宮、三は佐倉の惣五郎……」と、子どものころ、よく歌った覚えがある。一宮は愛知県の一宮市のことだろうと想像し、日光東照宮は何となく、佐倉の惣五郎のことはまったく分からないまま歌っていた。さまざまな歌詞があるようだが、この歌はわらべ歌とか手まり歌の一つで、明治以後、今日まで歌い継がれてきたものである。

大人になって、一宮は一宮市のことではなく神社のことで、美濃や飛騨をはじめ全国にあることを知り、さらに一宮のほかにも二宮、三宮などがあることも知った。

さて、その美濃の一宮は南宮大社（垂井町）である。二宮は伊富岐神社（同）、三宮は伊奈波神社（岐阜市）と多岐神社（養老町）とされているが、大領神社（垂井町）も二宮であるという。飛騨は水無神社（高山市）が一宮、久津八幡宮（下呂市）と二之宮神社（高山市）が二宮であるという。

このように、美濃には一宮、二宮、三宮があるのに対して、飛騨は一宮、二宮のみのようである。同じように山城では上賀茂神社と下鴨神社（京都市）、大和でも大神神社（奈良県桜井市）が一宮だが、二宮、三宮は存在しない。また四宮、五宮以下の国がある一方、まったく存在しない国もある。

これらの起源は何だったのだろうか。国司は国内の神社を参拝する職務があったが、その参拝した順だとか諸説ある。また、この順位をめぐって競うこともあったというが、実は朝廷が定めたものではなく、はっきりしたことは不明である。ただ、一種の神社の格付けとして定着していったのは間違いないだろう。

斎藤氏と天満神社

斎藤氏といえば、司馬遼太郎の『国盗り物語』で有名な斎藤道三を連想することだろう。藤原北家の流れの藤原魚名から七代目の斎藤利仁が越前の有力者藤原有仁の婿になり、その子藤原叙用が斎宮頭に任じられたことに由来して「斎藤」と称するようになった。

叙用の子、吉信が加賀守に任じられたこともあり北陸各地に勢力を拡大していき、やがて越前斎藤氏、加賀斎藤氏、越中斎藤氏などの流れに分かれ、さらに井口、宇田、大桑、加藤、後藤、進藤、竹田、富樫、安原などの諸氏に分かれていった。ちなみに江戸時代、各務原市新加納に本陣を置いていた五五〇〇石ほどの大身旗本の坪内氏は富樫系斎藤氏の末裔である。

さて、北陸の斎藤氏が氏神として信仰していたのが、現在の石川県加賀市にある菅生石部《すごういそべ》神社である。この神社は京都北野天満宮が分祀《ぶんし》されており菅生天神と呼ばれていたこともあった。

美濃斎藤氏は加賀斎藤氏の流れで斎藤親頼が美濃目代となったのに始まる。以来、美濃斎藤氏は美濃において勢力を拡大していくとともに加納、長良、鏡島、文殊、北方、関、池田、宮地、堀津、梶田、白樫、三井、八神、各務など各地に菅生天神を分祀した天満神社を建立していった。

文武両道の斎藤妙椿などを輩出し美濃守護代として活躍した美濃斎藤氏は、やがて衰退していき、道三に乗っ取られる。斎藤氏は中世岐阜県史において多大な足跡を残したことは間違いない。現在は、岐阜市日野にある天満神社にしのぶばかりである。

伊勢神宮、秋葉参りは「代参」で

かつて新年から春までの農閑期には、四国八十八箇所巡りや西国三十三箇所巡りなど寺社参りが盛んであった。このあたりでは、秋葉神社（静岡県）や伊勢神宮（三重県）に詣でていた。

さて「代参」といって地区の代表を毎年交代で数人ずつ選出して出かける寺社参りが多くあった。旅費は代参しない人々が負担しあう、いわゆる「講」であった。出発に際しては別れの宴を開き、到着時には祝いの宴を開いてお札《ふだ》を配っていたが、伊勢参りのときは、伊勢音頭を歌う地区もあった。

明治時代の赤坂（大垣市）の場合は、別れの杯を交わした後、白米五升と火打ち石と煙草《たばこ》入れ、そして金銭を懐に入れ着物姿で出発した。徒歩で大垣に行き、水門川、揖斐川を舟で下って桑名に上陸し、再び徒歩で伊勢神宮に向かい参拝している。さらに内宮と外宮の中間にある遊郭の古市《ふるいち》で精進落としをした後、同じルートで帰っている。

越前町（福井県）のある地区では、かつては伊勢参りのあと春日神社や八幡宮、熱田神宮を巡っていたという。八幡宮を京都の石清水八幡宮、春日神社を奈良の春日大社とすると、かなり広い範囲で神社を巡っていたことになる。

現在でも、多くの地域で代参が見られる。瑞穂市のある地区では、代表四人が往復タクシーで伊勢参りをしている。また美濃市のある地区の秋葉参りは、自家用車で乗り合わせて秋葉神社に出かけ、その地で一泊、精進落としと称して蒲郡で競艇をしてから帰ってくるという。遊郭の代わりの競艇だろうか。

生きた神馬が絵馬に

毎年八月一日から一五日まで、高山市の数カ所で、和紙に描かれた絵馬市が開催される。購入した人は、商売繁盛や無病息災を祈願する縁起物《えんぎもの》として、この絵馬を店や玄関などに掲げるのである。

また、ある年、上げ馬神事で有名な多度大社（桑名市）を参拝したおり、神職の方に境内を案内してもらったことがあった。境内に白馬が飼われていたが、この白馬は北海道産のサラブレッドで氏子が寄進した神馬「錦山号」だと説明してくれた。

神は馬に乗って降臨したということから、かつて、神社には生きた神馬が奉納されていたが、いつの間にか馬の代わりに、馬の像や、板に馬を描いた絵、つまり絵馬を奉納するようになった。さらに道中安全祈願だろうか、温泉寺（下呂市）には、旅人と籠かきが描かれている絵馬が奉納されているように、人物などを描いた絵馬とか、商売繁盛や安全を祈願するような絵馬も見られるようになった。

江戸時代から明治時代初期にかけて日本海などで運航されていた北前船《きたまえぶね》の関係者は、「船絵馬」という北前船を描いた絵馬を奉納していた。最も古いといわれているのが、敦賀の庄司太郎左衛門が、寛永一〇（一六三三）年に円覚寺（青森県深浦町）に奉納しているものだというが、これは航海安全祈願である。

さらには、能や歌舞伎のワンシーンが描かれた絵馬まで奉納されていったが、もはや絵馬というよりは奉納額といっても差し支えないものであろう。現在では小型の木札のような絵馬で、合格とか恋愛成就を祈願するのが一般的だが、しかし、原点といえる生きた神馬は、なかなか見ることができないのである。

逆立ちする狛犬

江戸時代、五街道の起点であった東京の日本橋の欄干には、数対の狛犬《こまいぬ》が橋を守るかのようにある。

さて、古代の中近東ではライオンが王権を象徴する動物といわれ、メソポタミアでレリーフに、また、エジプトではスフィンクスになったという。これが中国に伝わり墓や宮殿を守護する狛犬や獅子となり、さらに大化の改新（六四六年）のころ、日本に伝わったといわれている。

日本では、京都御所の紫宸殿《ししんでん》の襖をはじめ、各地の神社の壁面に描かれるようになり、宮中の調度品として金属製の狛犬の像が置かれるようになった。さらに、寺社を守護するような役目を持つようになり、当初の陶製や木造などから、やがて石像も造られ境内に鎮座するようになった。

厳密には「阿形《あぎょう》」の口を開けた方が獅子で、もう一方の「吽形《うんぎょう》」の口を閉じており頭に角が生えているのが狛犬といわれているが、現在では両方とも狛犬と称しているようである。

現在、多くの神社の参道には、左右にそれぞれ出入り口を向いて座っている石造りの狛犬がある。その一方で、三重県の多度大社のように境内に狛犬が無い神社もある。

岐阜市の伊奈波神社には数対の石造りの狛犬が見られるが、本殿の両脇には、まるで玉垣を支えるかのように逆立ちをしている狛犬がある。小さいながらも「阿吽」一対である。こんな珍しい狛犬を見ながら、参拝の折に古代の中近東に思いをはせるのもいいだろう。

日吉神社に狛犬寄進

岐阜新聞が月一回発行する「悠遊ぎふ」の平成二七年一二月号に、神戸山王《ごうどさんのう》まつりで有名な安八郡神戸町の日吉神社の狛犬のことが掲載されていた。この地方では珍しく笏谷石《しゃくだにいし》で造られた高さ七四センチの狛犬は、天正五（一五七七）年に、織田信長の家臣不破光治が寄進したもので国重要文化財となっている。

あるとき、日吉神社を訪ねたが、宮司さんから神戸町下宮の日吉神社にも同型の狛犬があり、これも笏谷石だとお聞きして、すぐに下宮の日吉神社を訪ねた。下宮の日吉神社の狛犬も同じ年に光治が寄進しているからである。光治は、西保城（神戸町西保）の城主で斎藤氏ののち織田信長に仕え、天正元年の信長による朝倉、浅井攻めや、天正三年の越前一向一揆攻めに従軍した。

越前を手中にした信長は、柴田勝家をはじめ織田の家臣に領地を分け与えたが、そのうち府中（越前市）付近の二郡三万三〇〇〇石ほどを、光治と佐々成政、前田利家との相給という、いわば共同統治というかたちで与えている。しかし光治は、府中を嫡子の全忠に任せ、西保城に帰ったという。

ちなみに勝家は北庄城（福井市）を築いたが、石垣にはこの地の足羽山あたりで産出される、柔らかく火にも強い笏谷石を用いている。笏谷石は中世より知られた火山礫凝灰岩《れきぎょうかいがん》で、石仏、玉垣、鳥居、石垣や敷石など多方面で使用され、江戸期に入ると蝦夷（北海道）をはじめ日本海沿岸一帯に運ばれていた。

さて、日吉神社の狛犬は天正五年という越前が信長の支配下にあった時代の建立であるから、光治が越前北庄産の笏谷石で造られた狛犬を寄進してもおかしくないのである。

神宮寺と守護神

岐阜県内のある寺を訪れた折、お庫裡《くり》さんから、「この寺の守神《まもりがみ》さまですよ」と、境内の奥に鎮座している、こぢんまりとした稲荷神社を案内してもらったことがあった。

明治の初め、廃仏毀釈《はいぶつきしゃく》によって、多くの寺院が破壊されたり、神社にあった寺院の分離や仏像などが廃棄されたりした。

しかし、苗木藩領内の神土村（東白川村）では、廃棄をおそれた常楽寺の信徒たちが、本尊の観世音菩薩をひそかに持ち出し、領外である大針村（坂祝町）の安居寺に運んだ。また、垂井町の南宮大社では境内にあった堂や三重塔、仏像などを信徒や僧侶が近くに移築させたが、これが今日の真禅院である。

さて、神仏混交の時代には日光のように寺社が両並びしている場合や、神社を護る神宮寺、反対に寺を護る守護神が多くみられた。伊勢神宮の境内には、天平のころには大神宮寺という神宮寺があり、南北朝時代には伊勢神宮の鬼門除《きもんよ》けとして伊勢神宮の東北、朝熊ケ岳に金剛證寺があった。岐阜県内では、垂井町の南宮大社には真禅院という神宮寺があり、岐阜市の伊奈波神社には満願寺という神宮寺があった。

一方、現代でも寺院と神社が分離していないケースも多くある。日光東照宮の五重塔、奈良東大寺の二月堂の傍らにある飯道社、遠敷社、興成社、岐阜県内では神戸町の日吉神社の三重塔が良い例だろう。

廃仏毀釈以後、神社と寺院は分離されてしまったが、多くの現代人は、ことあるごとに神社仏閣参りをしている。まさしく神仏混交を心の中に取り入れているのであろう。

明治の氏子

「氏子」というと、春日大社の氏子は藤原氏、天満神社は斎藤氏、八幡神社は源氏というように、ある神を守り神として信仰する氏族を指す場合が多い。そして、勢力の拡大に伴い各地に神社を建立していったが、その氏族の勢力が衰退すると、多くの場合、いつしかその氏族に代わって地域住民が神社の氏子となっていったようである。

さて、江戸時代、檀家《だんか》制度によって寺院が住民を登録する宗門別改帳を作成していた。キリシタンではないことを証明することから始まったものであり、今でいう戸籍を管理しており、住民が結婚などで移動すると移動先の寺院への書類を発行していた。また旅に必要な身分証明となる手形も発行していた。

ところが、明治になると政府は全国の神社を県社、郷社などと格付けをして、さらに地域の神社に住民登録をさせることにした。これがいわゆる明治の氏子制度で、住民は寺院に代わって神社に登録されることとなった。つまり、明治四（一八七一）年七月の「大小神社氏子取調規則」などによって、住民は神社に誕生地、住所、生年月日、父や本人の名前を届け出ることになった。届けると神社からは名前などが書かれた縦三寸（約九センチ）、横二寸（約六センチ）の木札を渡され、住民はこれを身分証としたのである。

明治六年三月、伊奈波神社（岐阜市）が氏子に渡した木札で見てみると、表面の中央に「岐阜県社伊奈波社氏子〇〇太郎」、この両側に住所と生年月日が、裏面には発行年月と宮司二人の名前が書かれている。

この制度は六年六月に廃止された。わずか二年間だったが法的に地域住民が氏子となっていたのである。

疫病を防ぐ「蘇民将来」

平成一四(二〇〇二)年秋、東京の「路上観察学会」の人たちと瑞浪市辺りの中山道を訪ねたが、その折、ある家の玄関に「蘇民将来子孫家《そみんしょうらいしそんのいえ》」などと書いてある木札を見かけた。

神話時代、素戔鳴尊《すさのおのみこと》が旅先で将来兄弟に宿を求めたが、裕福な弟の巨旦《きょたん》将来に断られたため兄の貧しい蘇民将来に宿泊を乞うたところ、蘇民将来は粗末な食事ながら温かくもてなした。

しばらくして素戔鳴尊が蘇民将来のもとを訪れ、その時の宿泊のお礼として蘇民将来の妻と娘の腰に茅《かや》の輪を付け、子孫を疫病から守ると約束した。のち、この地に疫病が流行り、蘇民将来一家のほかは全て死んでしまった。以来、疫病がでると蘇民将来の子孫ではない人々まで「蘇民将来の子孫」と書いた札を掲げるようになったという。このような伝承は京都八坂神社や出雲大社など全国各地で伝えられている。

さて、ときおり、お伊勢さんに出かけるが、伊勢の街中の家々の注連飾《しめかざ》りには「蘇民将来子孫家門」と、これを略した「笑門」などという木板が付けられているのを見かける。伊勢では将来兄弟は伊勢に住んでいたことになっており、このような注連飾りとなっているという。

さらに伊勢では疫病防止を祈願するため、これらの注連飾りを一年間玄関に飾っている。もっとも、「泊まった旅人から金品を奪って殺すのは悪いことであり、神様の祟《たた》りがある」という戒めからこの伝承が生まれたのではないかと、伊勢に住んでいたことがある友人に聞いたことがある。案外、核心を突いているかもしれないと思うのだが……。

安倍晴明、伝承の地

あるとき、かつて中山道の宿場町として栄えた福島（長野県木曽町）を訪ねた。その街中に小さな社《やしろ》があった。安倍晴明を祀《まつ》る晴明社である。安永五（一七七六）年に福島宿の大通寺に建立されたが、明治の初めにこの地に移されたものである。また、木曽町の黒川地区には「清博士《せいばかせ》」という安倍晴明にまつわる地名があり、晴明様と呼んでいる二基の宝篋印塔《ほうきょういんとう》がある。

安倍晴明といえば従四位下、播磨守であった貴族というよりは陰陽師《おんみょうじ》として有名で、天皇や貴族たちから信頼を集めていた。また、『今昔物語集』とか『宇治拾遺物語』にあるように、那智山の天狗を封じたとか数々の伝説がある。のちに歌舞伎、小説、映画やテレビドラマの題材になっており、現代の若者の間でも知られている。一条天皇の勅命によって建立されたという安倍晴明を祀る京都の晴明神社は、現在でも人が絶えることはないといい、晴明の人気ぶりが分かる。

さて、揖斐郡揖斐川町、道の駅「星のふる里ふじはし」付近に「喜八河戸《きはちごうど》」という「岐阜県の名水50選」に選定された清水がある。安倍晴明が諸国を巡ったおり、この地の喜八宅に投宿し、この清水の効力を褒めたという伝承がある。「喜八河戸」は日照りの時でも枯れることはなく、古くから地元の人々の生活用水として利用され、今日でも病気に効く水などといわれて飲まれているという。

さらには揖斐川町久瀬には安倍晴明の腰掛け石が残され、池田町には清明井戸がかつてあったと聞く。地方まで安倍晴明の名声がとどろいていたという証拠であろう。

平将門ゆかりの地

平安時代の天慶二（九三九）年、平将門は反乱を起こした。将門は常陸、下野、上野の国府を攻略して「新皇」と称したが、平貞盛や藤原秀郷らによって討たれ、首は京都に送られ、さらされたという。

さて滋賀県愛荘町の中山道沿いに、平将門の首を祀《まつ》るという小さな祠《ほこら》、首塚（山塚古墳）と、将門ゆかりの歌詰橋がある。京に上る藤原秀郷がこの橋に来たとき、目を開いた将門の首が飛んできたので秀郷が和歌を所望したところ、将門は和歌に詰まり将門の首は落ちた。この首を祀ったのが首塚で、首が落ちてきた橋は歌詰橋と呼ばれるようになったという。

将門の首といえば、将門を祀り、首から上に御利益があるという大垣市の御首神社の伝説が有名である。京都でさらされた将門の首が関東に帰ろうと飛び立ち、美濃の国を通過しようとしたおり、この神社に座す隼人神《はやとのかみ》が矢で将門の首を撃ち落とした。以来、矢が通った道が「矢道」といわれるようになり、「矢道町」という地名となったという。

中でも将門の首を祀る東京大手町の首塚は、現代になっても祟《たた》りがあったとして大切に祀られており、将門を祀る神田明神は、江戸時代に江戸の町の総鎮守となってからも崇《あが》められている。

このような将門ゆかりの神社をはじめ、伝承や伝説の地は全国に一五五〇カ所に及ぶという。

平安時代、定められた税を朝廷に納めた残りは国司の取り分となっており、国司による過剰な収奪があったという。将門の反乱にはそんな背景もあり、「将門びいき」が生まれ各地に伝承を残したのであろう。

「鬼門除け」の風習

よく「鬼門」とか「鬼門除け」という言葉を聞く。表鬼門は北東、裏鬼門は南西といい、何らかの方法で、この鬼の侵入を防ぐ手段をとるようになったという。

平安京では、鬼門除けとして北東に比叡山延暦寺を、南西に石清水八幡宮を置いた。また御所では鬼門除けとして御所を取り囲む築地塀《ついじべい》の東北の角だけくぼみを設けて、角の上部に猿の木彫りを安置している。ここを猿ケ辻といっているが、この猿ケ辻のすぐ北東に小さな幸神社《さいのかみのやしろ》があり、ここにも猿の木像がある。さらにはこの神社の北東にあたる修学院離宮の北にある赤山禅院にも、拝殿の屋根の上に金網で囲まれた瓦彫りの猿が安置されている。

いずれも猿が網で囲まれているが、これは猿が夜な夜な抜け出すので、網の檻をかぶせたと伝わっている。それはともかく「魔が去る（猿）」ということから、平安京や御所を守るため猿を安置したといわれている。

さて、岐阜城の二の丸跡にある閻魔《えんま》堂に安置されている木像閻魔座像は、かつては岐阜市上川手にあり、中世の革（川）手城の鬼門除けだったといい、羽島市竹鼻町の八剣神社は、竹鼻城の鬼門除けとして建立されている。また、大垣市の文殊院は、大垣城の北東、常楽寺は大垣城の南西の鬼門除けの役目があり、岐阜市加納の八幡神社は加納城の北東、同じく加納の猿田彦神社は南西の鬼門除けの役目があったという。

このような例でもみられるように、岐阜県各地においても古くから鬼門除けの風習があったのである。

街中の鬼門除け

あるとき、岐阜市西柳ケ瀬にある割烹《かっぽう》で小さな宴会に出席させてもらった。その店先に柊《ひいらぎ》が植えられていた。方角的には店の北東角に当たっていたので、もしやと思い店の人に「鬼門除《よ》けですか」とお聞きしたところ、そうですという返事があった。

京都産業大学の藤野正弘氏の研究によると、京都の中心部の河原町通、堀川通、五条通、御池通に囲まれた二キロ四方にも満たない通称「田の字地区」で調査したところ、鬼門除けに稲荷を祀ったり、南天や柊などを植えたり、欠けた角にしたり、コンクリートで四角に囲いその中に玉砂利など敷き詰めたりする例を一〇九八確認したという（「京都産業大学日本文化研究所紀要第二一号」）。

そこで、俳句仲間と京都を訪れた折に、JR京都駅の北辺りを三〇分ほど散策してみると、「鬼門除け」が、民家をはじめ商業ビルなどで一〇例以上も見つかった。中には雑草対策であろうか、白い玉砂利をタイルのようにコンクリートで貼り付けた例も見られた。

さて、この鬼門除けの風習が岐阜市でもないか気にしていたとき、偶然、西柳ケ瀬の割烹で柊を見つけたのである。さらに岐阜市内の市街地を巡ると、点在するかのようにではあるが、南天や柊を発見することができたが、四角で囲んだ中に玉砂利を敷いている例は見つけることはできなかった。

しかし、柳ケ瀬の北にあるマンション一階の駐車場の北東角に、一メートル四方と思われる小さな社《やしろ》があることを知った。オーナーに聞くと稲荷など三体の神様を祀っているという。

地域を見守る小さな社

ＪＲ京都駅前のビル街を一歩外れた西本願寺から東本願寺かいわいは、下町のような木造家屋が広がっている。この街並みに溶け込むかのように各町内には一メートル四方にも満たない敷地に、小さなお堂があり、地蔵菩薩が祀られていた。八月末に子どもたちが主体となった地蔵祭りが開催されているそうだ。

さて、岐阜市内でも、特に旧市内には小さなお堂ではなく社が見られる。小さなものは木造二階建ての一階の屋根の上や、敷地の角地、あるいは側溝の付近に設けられ、石垣に囲まれた例もある。

反対に、大きな家一軒分の敷地の中にある社も見かける。それがいくつも見られるのが岐阜市南部、加納地区の東から西へと続く中山道沿いの江戸時代には町人が住んでいた地域である。

ほとんどが町人地域特有の短冊形という幅が狭く奥行きが長い敷地である。それも立派な玉垣で囲まれている場合が多い。不思議なのは大きな敷地にもかかわらず、江戸時代の家屋一軒ごとに名前が書かれているような加納城下の絵図には、これらの神社の記載がないことである。ということは、家一軒分という敷地になったのは近代であると思われる。

そんな社に祀られている神様のほとんどが通称「秋葉さま」として知られている火の神様、秋葉大権現なのである。また同じく火の神様である愛宕神社、さらに庚申堂《こうしんどう》も見られるが、ごくわずかである。

もちろん、地蔵菩薩や、どんなところでも馬に乗って救済するという馬頭観音を祀る小さなお堂もある。いずれにしても、今日まで地域や町内を守ってきた神仏なのである。

岐阜城下の「守護四仏」

羽島市桑原にあり、大須観音として知られている真福寺《しんふくじ》は、かつては大伽藍《がらん》であった。のちに衰退してしまったが、慶長一七(一六一二)年、徳川家康によって名古屋城下の南に移転された。これが名古屋の大須観音(真福寺宝生院)で、この移転は名古屋城下の建設に伴うものだったと思われる。

さて、岐阜市の街中、鶯谷中高校のすぐ近くに小熊地蔵がある。これは織田信長が尾張葉栗郡小熊(羽島市小熊町)の一乗寺から移転させた延命地蔵菩薩で、弘法大師自ら橋杭で彫ったという。ところがこの菩薩、小熊に帰りたいと告げたので、信長は移転先の地を「小熊」と変えてしまったという伝承がある。

また、岐阜市の美江寺の十一面観音は、美江寺(瑞穂市)から斎藤道三によって井口(のちの岐阜)に移されたものだが、もともと、この十一面観音は、伊賀名張郡(三重県名張市)の座光寺にあった十一面観音を、当時、氾濫が多かったこの地を鎮めるために移転したといわれ、その結果、美しい江となったので「美江寺」と名づけられたという。

伊奈波通りにある善光寺(安乗院)は、武田信玄が信濃善光寺を甲府に移した甲斐善光寺を、さらに信長が岐阜に移転させたという伝承もある。また西別院の近くにある西野不動は蜂須賀(愛知県あま市)から移されたと伝わるが、小熊地蔵、美江寺観音、善光寺阿弥陀如来、そして西野不動の四仏は岐阜城下を護る「守護四仏」といわれるようになったという。

勝林寺、法華寺もそうだが、守護仏の移転は城下町を形成させるために行われたものなのである。

吉原遊女と梵鐘

滋賀県彦根市、中山道の宿場町として栄えた鳥居本《とりいもと》の上品寺《じょうぼんじ》には遊女ゆかりの梵鐘《ぼんしょう》がある。江戸時代、七代住職法海坊了海が、江戸に出て浄財を求めた。中でも吉原の遊女花扇、花里姉妹が熱心に浄財を納めたという。明和六（一七六九）年に、江戸で鋳造された梵鐘には寄進した人々の名前が刻まれているが、その中には花里の名前もあった。

さて、下呂市の中心部より南の国道四一号沿いに「釣鐘」という地区がある。江戸で鋳造された梵鐘を小坂（下呂市）の浄福寺に運ぶ途中、この地にあった橋を重い梵鐘に耐えられるように架け替えたため、しばらくとどまったから「釣鐘」と名付けられたという。

浄福寺の九世龍城が鐘楼建立のため江戸の町や吉原で浄財を集め、享和三（一八〇三）年に鋳造されたが、この時、金銀の髪飾りが投げ込まれたという。小坂へは直径二尺七寸の梵鐘とともに枝垂《しだ》れ桜の苗も一緒に運ばれたといい、今日でも「吉原桜」とか「遊女桜」と呼ばれて見事な花を咲かせている。

ところで、高山市丹生川町坊方にある浄願寺にも、同じく吉原遊女ゆかりという梵鐘がある。江戸で浄財集めをしていたこの寺の住職が、吉原で浄財を使い果たして遊女と心中してしまった。そこで吉原の人々などが改めて浄財を集めて梵鐘を寄進したという伝承があるが、実際には時の住職の弟が吉原をはじめ江戸で浄財を集めて、寛政一一（一七九九）年、江戸神田で一尺八寸の梵鐘を鋳造したものである。

いずれにせよ、明日をも知れない吉原の遊女たちが、仏にすがる思いで浄財を投じたものであろう。

円空仏と木曽桧

江戸時代、木曽川では筏《いかだ》流しが行われていた。例えば、尾張藩領の木曽谷では桧《ひのき》を手斧で削り角材にしてから山から下ろし、翌年の秋から冬にかけて錦織綱場《にしこおりつなば》（八百津町）で筏に組んだ。そして、犬山と円城寺（笠松町）で検査を受け、犬山では二枚の筏、円城寺では四八枚の筏に再編成されて木曽川を下り、白鳥（名古屋市港区）まで運ばれた。三年目の春には、船積みされて江戸へと運ばれていた。

さて、あるとき、羽島市の中観音堂・円空資料館で、高さ二メートルを超えるという大きな十一面観音像をはじめ一〇体の円空仏を鑑賞した。

ここの世話方をしておられる加藤奨氏から、桧材の十一面観音像の背面に「木そ（曽）」と、丸の中に二本の横線を引いた「丸に二つ引」文様が刻まれているが、これは木曽産の桧材を示し、丸の中の二本の横線は、管理する役人の紋だろうと説明を受けた。

円空仏研究の第一人者である小島梯次氏は著書『円空仏入門』の中で「この刻印によって木像は木曽の官材であると考えられる」と著述されている。この十一面観音像は丸太からではなく最初から角材を使用して刻んだとあるので、筏流しで木曽から運ばれてきた桧材に間違いないだろう。

本来は、江戸へ運ばれるか、名古屋城の用材として使用されるような、一般では入手困難に思われる桧材を、円空は何らかの理由で入手したことになる。

果たして、円空はどんな経緯で木曽桧を入手したのだろうか。ほほ笑む十一面観音像に尋ねるほかない。

狐の嫁入り、各地に伝承

お稲荷様の使いということで知られている狐には、さまざまな伝承や伝説が全国各地に多くある。

『日本霊異記』には、大野郡（揖斐郡大野町）の男が美女と出会い結婚し子を授かるが、飼い犬によって実は美女は狐《きつね》だということが分かり、子どもは岐都禰《きつね》と名付けられたという「狐を妻として子を生ましむる縁」という話が収録されている。

下呂市上呂のお美津稲荷には、美女「おみつ」に化けるのがうまい「おみつ狐」という飛騨街道筋の狐の親分が、木の葉をお金に替えたとか、捕らえられた子狐を人間の手からとりもどす才覚もあるとかいう伝説がある。また宮峠の北、浄見寺野（高山市石浦町付近？）は、おみつ狐が手下を集めて会合をしていたところだという。

五穀豊穣、商売繁盛などを祈願して行われている狐の嫁入り行列は、新潟県など全国各地でみられる。飛騨市古川町では、美しい娘「おこん」を助けた殿様は、娘が狐と分かったがこの娘と結婚して幸せに暮らしたという伝説を元にして、「きつね火祭り」が開催されている。また、羽島郡笠松町の専養寺でも、江戸時代に始まるという狐の嫁入り行列が開催されている。

さて、晴天にもかかわらず、にわか雨が降ったりするが、こんな天気のことを「狐の嫁入り」という。この伝承は古くからあり、葛飾北斎の「狐の嫁入図」にも嫁入り行列が描かれている。

おッ、晴れているのにまた雨が降ってきた。どこかで狐の嫁入りがあるのだろう。

カッパ伝説

川に棲《す》みキュウリが好きなカッパに関する伝説は全国各地にある。しかも、カッパの異名は北海道から沖縄まで、多くの地域で方言として残っており、岐阜県だけでも「川太郎、ガワロウ、カワエロ、ガワタ、ドチガメ、ドチ」など一〇例ほど見られる。また芥川龍之介の「河童」の題材になっている。

そんなカッパ伝説が岐阜県にもある。岐阜市則松の落合渕といわれたあたりに棲みイタズラばかりするカッパを六兵衛じいさんが捕まえた。カッパは「松を三本植えてください。枯れるまでイタズラいたしません」と言って嘆願したため放免したという。このとき植えられたという松は「落合松」といわれ、岐阜市則松と本巣市文殊境を流れる板屋川沿いに樹齢三〇〇年ほどの赤マツが一本あったが、かなり前に枯れている。

郡上市高鷲町には、三段滝という滝の淵へ、カッパがじいさんを引きずり、脳みそを吸い取ったという伝説がある。また、旧徳山村本郷（現揖斐郡揖斐川町）には、治兵衛じいさんが、瓜《うり》泥棒をしたカッパを捕まえたが、カッパが詫び状とともに頭痛や腹痛に効くという薬の処方を教えた。そこで薬を作り飲んだところ、よく効くと評判になり、のちに、年貢の代わりにカッパに教えてもらったこの薬を納めるようになったという伝説がある。

これらは、子どもたちがむやみに河川に近づかないようにという戒めから生まれたのだろう。ところで「落合松」が枯れて何年もたつ。またカッパが現れてイタズラをしたり襲ったりするかもしれない。

伝説に残る、はだか武兵衛

江戸時代、各宿場には「雲助《くもすけ》」と呼ばれる人がおり、参勤交代の折には大名や武士など公用の行列で荷物を運搬していた。公用以外のときには、一般の旅人相手に馬で荷物を運んだり籠を勧めたりして稼いでいた。夏は裸でふんどし姿という雲助は、強靭《きょうじん》な体力を持っていたという。

さて、鵜沼宿（各務原市）生まれという「はだか武兵衛」という雲助が木曽路や美濃路で稼いでいた。あるとき、須原宿（長野県大桑村）のあるお宮の拝殿で、白髪の老人と野宿して一夜を過ごし、兄弟分となった。意気投合したのであろうか、疫病神と名乗った白髪の老人は、はだか武兵衛に対して「おまえが来れば、この疫病神は逃げいく」と言い残し、どこともなく消えてしまったという。以来、はだか武兵衛は、患者の肌に触れると、たちどころに病を治してしまう力を持つようになって、大湫宿《おおくてじゅく》（瑞浪市）では、高熱を出した長州藩の姫君を快癒させたこともあったという。

笹洞村（下呂市金山町菅田）で疫病がはやったことがあった。村人は白山神社にお百度まいりの願をかけたが、かなわず、さらに疫病が村中に広がってしまった。そのとき、はだか武兵衛は、次々と患者の肌を触りたちどころに治してしまったという。疫病神を追い出したのである。以来、村人たちははだか武兵衛を「疫病追い払いの神」として祀ったという。現在も、下呂市金山町菅田笹洞にある県神社の境内に「はだか武兵衛」の石碑がある。一方、中津川市の旧国道一九号沿いにある旭ケ丘公園にも「はだか武兵衛」の石碑がある。同一人物であろうか。

各地に伝わる照手姫伝説

昔、都から陸奥に流された小栗は郡代横山の娘、照手姫と結ばれるが、横山一族によって毒殺され、照手姫は売られてしまった。毒殺された小栗は閻魔大王や僧侶によって蘇生したものの餓鬼阿弥《がきあみ》の姿になり、僧侶によって土車に乗せられた。そして、沿道の人々が代わる代わる引いていく。

こんなところから始まる「小栗判官」の伝説は、関東、熊野など全国各地にある。

まず大垣市青墓の「照手姫の井戸」が有名であろう。青墓に売られてきた照手姫は「小萩」と名付けられ遊女になることを強要されたが、断ったため籠で井戸の水汲みを命じられていたという。青墓で土車に乗せられた小栗と出会うが、小栗と知らない照手姫は、熊野本宮の湯まで土車で引いていったと伝わる。

安八町の結神社には、青墓にいた照手姫が小栗に会えるよう祈願し、身に付けていた小さな黄金仏を奉納したという伝説がある。滋賀県米原市柏原の「照手姫笠掛地蔵」は、土車に小栗を乗せ引いてきた照手姫が願をかけたところ、励ますお告げがあったと伝わる。

ともかく無事、熊野本宮に着き、霊験あらたかな湯に餓鬼阿弥をつけたところ、小栗が元の姿に戻り晴れて照手姫と結ばれ、仇討ちを果たして美濃や畿内五カ国を与えられたという。

この小栗判官伝説は、江戸時代には浄瑠璃や歌舞伎となり、現代でも宝塚歌劇団などによって上演されるなど、今日まで多くの人々に親しまれている。時宗《じしゅう》の説法の素材として流布されたのが始まりと伝わるが、いつの時代でも純粋な愛情物語として、受け入れられていたのであろう。

夜叉ケ池伝説に諸説

岐阜県と福井県の境にある夜叉ケ池は、山開きが済むと多くの登山客でにぎわう。

標高一一〇〇メートルの山頂近くにあるこの池には、池に棲む雄蛇が、安八郡が日照りで困ったとき、雨を降らして、そのお返しに若者に化身した雄蛇が安八の郡司安八太夫の娘をもらい受け、夜叉ケ池に連れて来たという伝説が残っている。

この伝説には、まだ続きがある。夜叉ケ池には、すでに白い着物を着た正室がおり、安八から来た娘は赤い着物を着せられ、愛妾となったが、愛妾は正室から毎日のようにひどい仕打ちを受け、争いが絶えなかった。そこで雄蛇は、越前の漁師に赤い着物を着ている愛妾を討つように依頼して、漁師はうたた寝している愛妾を見事に討った。ところが、それは正室だったのである。実は、うたた寝している正室に、愛妾が自分の着ていた赤い着物を掛けていたのである。

一方、福井県の伝説では、美濃側から来た娘が正室で、後から夜叉ケ池に来た越前の娘が愛妾となっており、正室と愛妾の争いに困った雄蛇が、街道に出て、通行中の武士に美濃の正室を退治してくれと依頼する話となっている。夜叉ケ池にまつわる伝説には、このほか、岐阜県をはじめ福井県や滋賀県にさまざまなかたちの類話があるが、ほとんどが蛇や水に関わるものである。

さて、篠田正浩監督、坂東玉三郎主演で映画化された泉鏡花の戯曲『夜叉ケ池』は、いったい、どこの伝説が題材になったのであろうか。

各地で伝承、雨乞い踊り

かつて日照りが続くと、山で神社でと雨乞《ご》い祈願を行っていた。このうち、竹材で作った「シナイ」を背負い、太鼓を胸に抱えて踊る太鼓踊りは、さまざまな伝承はあるものの雨乞いを祈願する踊りである。有名な揖斐川町谷汲の谷汲踊り、東津汲の鎌倉踊り、三倉の太鼓踊り、郡上市の寒水の掛け踊りと、現在でも岐阜県各地に伝承されている。

笠松町円城寺の芭蕉踊りの起源の一説には、木曽川に身を投げた娘の伝承がある。日照りのとき、雇われて蔵前（岐阜市）から来ていた、おふじという娘が「手力さまにお願いすれば雨が降る」と言ったところ、村人総出で手力雄神社（岐阜市）に祈願した。それを知ったおふじは「もしも雨が降らなかったらどうしよう」と不安になり、木曽川に身を投げたという。すると雨が降り出し、感謝した村人が、芭蕉踊りを行い、おふじを祀ったという。

このようなシナイを背負って踊る太鼓踊りは、滋賀県から岐阜県へと広まり、さらに笠松町円城寺から、木曽川を渡り愛知県一宮市北方の芭蕉踊りへと伝わったという。

そんな太鼓踊りは文化財に指定され重要な観光の資源としている地域がある一方では、いつしか消えていった地域もある。また山県市立伊自良北小学校の「伊自良十六拍子」のように、学校教育の一貫としてかつての雨乞いの様子を後世に伝えている貴重な例も見られるのである。

ダムや用水などが整備された現代では、雨乞いのための太鼓踊りは必要がないかもしれないのだが……。

郡上おどり、名所を歌う

郡上の夏の風物詩、日本三大盆踊りの一つで国の重要無形文化財になっており、郡上おどりは、毎年七月から九月初めまで長期にわたって開催されている。曲目はかわさき、ヤッチク、三百、さわぎ、まつさか、甚句、春駒などがあるが、これらは旅芸人や商人などによって郡上にもたらされたものや、郡上の人々が京や江戸など各地で覚えたものを、うまく取り込んで完成させていったという。

これらの曲には艶っぽい恋の歌をはじめ、宝暦義民や凌霜隊《りょうそうたい》（いずれもヤッチク）などの郡上の歴史や、「馬じゃ磨墨《するすみ》粥川《かゆかわ》うなぎ　ひびく那留《なる》石宗祇水《いしそうぎすい》」（甚句）と郡上の名所旧跡などを織りこんだ歌詞もみられる。

「春駒」は『歴史探訪　郡上踊り』（高橋教雄）によると、もとは、北九州田助港（長崎県平戸市）あたりから始まり、北前船で日本海沿いに広まっていったというハイヤ節が転化した「サバ」という名前で、「一銭五里の　ヤキサバヤキサバ」という歌詞が、「春駒」では「七両三分の　ハルコマハルコマ」に変わったという。いずれにしても鯖を越前から郡上へ運搬してきた人々が伝えたものであろう。「三百」には「越前ぼっかの荷なら、そこへおろすな鯖くさい」という歌詞もある。

「めでためでたの若松様か　枝も栄える葉も茂る」（ヤッチク）というような全国各地でも歌われているような歌詞も見られる郡上おどり、歌詞に耳を傾ければ、より郡上おどりが楽しめよう。

「もはや川崎ゃやめてもよかろ　天の川原は西東」（かわさき）。長い間楽しめる郡上おどりにも、おどり納めが来る。「郡上おどりに　来年来るやら又来ないやら　来ても逢えるやら逢えぬやら」（さわぎ）

郡上おどりに禁止令

「郡上のナー、八幡出ていくときは」と毎年、郡上おどりが郡上市の中心部で開催されている。江戸時代には、「祭りナー見るなら祖師野の宮よ人を見るなら九頭の宮」のように、祖師野八幡神社（下呂市金山町）や、九頭宮（戸隠神社、郡上市和良町）ほか長滝寺白山神社など郡上各地の神社の境内や四つ辻で踊られており、地域によって流行り歌や浄瑠璃などさまざまな要素が加えられていったという。

当時の若者たちは、「堀越えて行けば宮代一夜とる」と、堀越峠（郡上市）など山々を越えて各地の盆踊りに出かけていった。それは封建制度において「泣いてナー分かれていつ逢いましょか愛しい貴方は旅のかた」「雪のナー降る夜は来ないでおくれかくし切れない下駄の跡」「今夜ナー逢いましょ宮ケ橋で」と、盆踊りはおおらかな性の開放の場でもあったからである。

郡上藩では藩士の踊り禁止令をたびたび出していたというが、それは武士も内々で踊っていたという証拠であろう。幕府は全国的に流行していた盆踊りを、風紀を乱すものとして二度も禁止している。また明治新政府は、世界に見せたくないという意識からか、銭湯や温泉の混浴とともに、盆踊りを禁止してしまった。それに伴い岐阜県においても明治七（一八七四）年、「盆踊りと唱へ老若男女が群衆、無益なことに時日を費やし」などと禁止令を出しているが、いつしか沙汰《さた》やみになってしまった。

郡上おどりは、明治初期、踊りにお囃子《はやし》も加わるようになったといい、観光的要素も加味され現在の形になっていったのである。

高山祭と町衆

毎年、春と秋に、JR高山駅前には「飛騨高山祭」と書かれた大きなのぼりが掲げられている。「動く陽明門」といわれる一〇台ほどの屋台が曳《ひ》かれることで有名な高山祭は、京都の祇園祭、関東の秩父祭と共に日本三大美祭の一つに挙げられているが、春と秋の二回も開催されている。

しかし、春と秋、同じ屋台で同じように開催されているわけではない。高山祭は通称で、春は「山王祭」といい高山城の南に位置する日枝神社の祭礼で、秋は「八幡祭」といい高山の街を南から北へ流れている宮川の東に位置している桜山八幡宮の祭礼とまったく別なのである。

日枝神社の氏子は、宮川に架かる鍛冶橋の安川通りを挟んで南方の上町といわれる地域で、桜山八幡宮の氏子は上町地域の北方の桜山八幡宮と宮川の間あたりの下町といわれる地域である。上町は古くから城下町の町屋として形成された地域で、下町は庶民感覚のある地域となっており、それぞれ町衆の気質も異なるという。下町の町衆には祭りの屋台を上町よりも五〇年ほども早くつくったという誇りがあり、さらに屋台ごとに自負や勢いもあったという。

かつては、この勢いが高じて、酒に酔うと屋台をぶつけるとか、道を通す通せないという理由で喧嘩《けんか》となったこともあったといい、喧嘩で町衆が着る祭り用の裃《かみしも》が破けることもあり、中には最初から正装用と喧嘩用の上下を用意している町衆もいたという。真相は定かではないが、いずれにしてもたとえけがをしても喧嘩も祭り同様、楽しみだったに違いない。

岐阜県知事が演じた村歌舞伎

江戸時代の農村には相撲、神楽、人形浄瑠璃などや芝居の巡業があった。さらには村の人々が演じる地芝居（村歌舞伎）が行われるようになり、岐阜県では中濃、東濃あたりで盛んだった。現在でも村国座（各務原市）や相生座（瑞浪市、移築）のように、自前の芝居小屋を持つ地域がある。

平成二五（二〇一三）年夏、名せりふ「知らざぁ言って聞かせやしょう」で有名な「白波五人男」をアレンジした「美濃乃国五人男」が、相生座で演じられた。

これは、美濃歌舞伎保存会の「第四二回恒例美濃歌舞伎納涼公演」の一幕で、歌舞伎「白波五人男（青砥稿花紅彩画）」の「勢揃いの場」を、「美濃乃国五人男　土岐川勢揃いの場」と改め、古田肇岐阜県知事演じる日本駄右衛門ならぬ美濃屋下駄衛門のほか、地元の人々四人が舞台に立ち、番傘を持ち「問われて名乗るもおこがましいが」で始まる名乗りを、それぞれ地域の自慢をするバージョンで、おひねりの飛び交う中、演じた。

さて、歌舞伎「白波五人男」は五人の盗賊の物語だが、実在あるいは架空の人物がモデルとなった。そのうち日本駄右衛門は実在した盗賊、石川五右衛門がモデルで、役名は同じく実際にいた江戸中期の大盗賊、日本左衛門がヒントとなっているという。日本左衛門は、子分たちを引き連れ東海道あたりを荒らしたが、手配書が全国に回ったため、日本中を逃げ隠れたといい、のち自首し処刑された。この逃げ隠れした場所が羽島郡笠松町だという伝承がある。「白波五人男」笠松バージョンを見たいものである。

「めでた」と「おばば」

「めでためでたの若松様よ、枝も栄える葉も茂る……」

高山市では「めでた」、飛騨市古川町では「若松さま」という民謡で、宴会とは切っても切れないものとなっている。これは山形県民謡の「花笠音頭」の歌詞として全国で歌われているものでもある。

「お婆どこへ行ゃるな……」

「おばば」は、岐阜の芸妓で戦前から戦後にかけて活躍した歌手の豆千代によってレコーディングされ、全国的にヒットした岐阜県の代表的な民謡である。この「おばば」には、その昔、揖斐城主の姫が男の子を出産したところ、母が祝いの酒を持参したという伝説が残り、揖斐川町三輪には、おばば発祥の地の碑がある。また揖斐川町の揖斐まつりでは三輪神社境内で、神輿を担ぎながら「おばば」を歌うことでも知られている。

「伊勢はなー、津でもつ、津は伊勢でもつ……」

「伊勢音頭」は伊勢参りの人々から全国に広まったといわれ、関ケ原町藤下地区や安八町のある地区では、かつて伊勢代参から帰ってきた人々を囲んで酒宴のお開きに歌ったという民謡である。また揖斐川を挟んで東が「おばば」、西が「伊勢音頭」を歌うと聞いたことがある。

「高い山から谷底みれば……」ではじまる「高い山」は長野県上松町でも伝わる祝い唄であるが、「めでた」と「おばば」の歌詞もみられる。「おばば」「めでた」は、主に宴席で唄い継がれてきたのである。

「めでた」と「若松様」

「めでためでたの若松様よ……」。平成に入ったころだろうか。飛騨高山の人から「高山では宴会のとき、必ず『めでた』を歌う」と歌の内容などいろいろ教えてもらった記憶がある。

さて、平成二九年二月、BS・TBSテレビ「関口宏ニッポン風土記・岐阜県」の収録で東京に出掛けた。共演は高山から来られたホテルの女将村井智子さんと、飛騨で三味線や民謡で活躍しておられる坪内美音之栄さんであった。ロケバスでの長い待ち時間の間、車中でこのお二人に「めでた」を歌っていただいた。宴会で女性の歌い出しを聞く機会がなく、生で女性たちの歌を聞くのは初めてだったが、どことなく品があり、しっとりとした調べだった。それから数カ月後、今度は高山のすし屋さんの小さな座敷で、このお二人と高山の郷土史研究者の長瀬公昭さんによる「めでた」を聞かせてもらった。

ところで「めでた」は高山あたりの名称で、神岡では「神岡めでた」、古川では「若松様」などと地域で異なり、さらに節回しなども微妙に異なっている。

飛騨に伝わったのは、飛騨との交易が深い越中からとか、神通川の筏乗りたちによってとか定かではない。いずれにしても、さまざまなルートで飛騨に伝播してきたのに違いはなく、時期は「天保（一八三〇～四四年）のころまでに飛騨に流行し定着していた祝い唄であったと考えるべきであろう」（堀尾雄二『ひだびとの唄』）とあるが、昭和三〇年代に飛騨一円で一般化したのではないかとも聞いたことがある。

しかし、現在では若者が宴会を嫌う傾向もあるのだろうか、歌う人が減少傾向にあるという。

第五章　地理・地名

岐阜は関東？ 関西？

ときおり、「岐阜は関東、それとも関西ですか？」ということを聞かれる。そう言われてみれば、真剣に考えたことは今までなかった。東京の人は「岐阜は関西じゃない？」、関西の人は「岐阜は関東じゃない？」と言うに違いない。

岐阜県の岐阜市あたりから西、特に中高年の間では関西弁の「おおきに」に岐阜弁の「えかッ」を加えて「おおきにえかッ」ということばをよく聞く。もっとも、ご近所同士の会話で聞かれるだけある。

方言的には岐阜、富山、愛知あたりが関東と関西の境目なので、関西の方言が聞かれても不思議ではない。では、関東、関西という言葉はどこから出てきたのだろうか。

「関」がキーワードで、古代では関所の東側を関東、西側を関西といっていたようである。古代の関所は、不破の関、鈴鹿の関、愛発《あらち》の関の「三関」であったが、のち愛発の関に代わって逢坂の関が置かれた。聖武天皇は、関東に行かれたが、その場所は伊勢であったので、文字通り関の東側に行かれたということになる。のち鎌倉時代あたりから箱根から東が関東ということで定着、さらには相模、上野、下野、常陸、上総、下総、安房、武蔵を関東ということになった。

最初は、不破の関、逢坂の関から東が関東、時代が下ると箱根から東が関東の範囲となっていったのである。つまり岐阜は最初は関東で、のちに関西になったということであろう。しかし、岐阜は関西だ、いや関東だといわれても違和感を感じる。岐阜はいったい、関東、関西どちらなのだろうか。

岐阜は東海ではない!?

新聞やテレビ、ラジオで「東海地方のお天気です」とか、「東海三県の経済状況は……」などと「東海」という言葉を見聞きする。また、「東海」は学校名、団体名や企業名によくみられる。

さて、この「東海」という言葉は、いったいどこから来たのだろうか。古く律令時代に、日本を八ブロックに分け山陽道とか北陸道というように名付け、なおかつ都と各ブロック内にある国府を結ぶ街道名も、このブロック名と同じになった。

そのブロックのうち東海道は現在の三重県、愛知県、静岡県、神奈川県、東京都、山梨県、埼玉県、千葉県、茨城県までの地域であり、岐阜県は属していなかった。岐阜県が属していたのは東山道で、滋賀県、岐阜県、長野県、群馬県、栃木県、さらには現在の東北地方までという広大な範囲であった。つまり東海は、古代の「東海道」というブロック名や街道名に由来している。

しかし、いつしか東海道、東山道といったブロックが自然消滅し、岐阜県、愛知県、三重県、静岡県という範囲のみが東海という圏域となり、さらには岐阜県と愛知県、三重県が東海三県となっていった。つまり、東海の範囲が狭くなっていったということであるが、その中に、かつて東山道に属していた岐阜県も東海圏域に加わるようになったのである。

なぜ岐阜県が名古屋を中心とする東海圏域に加わるようになったのか、文化、歴史、経済、政治など多方面から、あらためて検証してもいいだろう。

道州制と岐阜

道州制とは日本を幾つかのブロックに分け、国の権限のある程度をそれぞれの州など地方自治体に移譲して、独自性のある地方自治を期待するものであろう。もちろん、公務員の減少にもつながることとなる。

岐阜県の場合は、愛知県、三重県、静岡県の東海地方のみ、さらに福井県、石川県、富山県の北陸地方も加えた範囲のブロックとさまざまな考え方がある。州の範囲を東海地方のみ、名称も東海州と仮定して、この東海州の州都はどこにすればいいのだろうか。

素直に考えれば、大都市の名古屋に州都をというイメージではあるが、それではミニ中央集権となってしまい、従来の東京詣でが、名古屋詣でに代わるだけでまったく同じこととなろう。ちなみにアメリカのニューヨーク州の首都はニューヨーク市ではなく、オールバニという小さな都市に置かれている。

ネットで自治体に書類申請などができる時代であるから、近未来では州議会もネット画面でできよう。だから大都市に州都を置く必要性はまったくない。東海州の州都は、岐阜県でいえば三重県や愛知県に近い海津市、リニアの駅ができる中津川市、あるいは飛騨や奥美濃の山間部でもいい。州の行政府大部分を州内に分散すれば、州都の規模はコンパクトな街程度ですむからだ。

道州制をきっかけに、商業都市、観光都市、工業都市、文化都市、そして州都を置く都市と都市のすみ分けが望ましい。

大都市への政治、経済、文化などの一極集中という状態は、もはや時代遅れとなろう。

岐阜県を区分すると

飛騨・美濃というように岐阜県を幾つかに区分してみる。まず美濃は大きく分けて、東濃、中濃、岐阜、西濃、そして奥美濃ともいう北濃であろうか。

さて中濃に属する可児郡御嵩町に、明治二九（一八九六）年、岐阜中学校（現・岐阜高校）東濃分校として始まる岐阜県立東濃高校と、大正一〇（一九二一）年設立の可児郡立可児実業学校が前身の岐阜県立東濃実業高校がある。両校とも中濃にもかかわらず、「東濃」と称している。ということは、当時、この地域は、東濃という区分の中にあったか、東濃という共通の意識があったという証拠であろう。この学校の名称でも分かるように、現在の中濃は、かつて東濃の範囲に入っていたが、いつのまにか分離したということが分かる。また中濃から分離した可児、加茂、あるいは岐阜から分離した本巣、羽島という区分や、西濃から分離した南濃という区分も見られる。

飛騨は北飛騨、南飛騨に区分できよう。しかし、下呂市あたりでは南飛騨という言葉をよく見聞きするのに対して、高山、古川あたりでは、北飛騨とはいわず単に飛騨というのが普通である。

奥飛騨という言葉は観光的な響きがあるのだろうか、古くから奥飛騨温泉郷（旧・上宝村）などと使われてきたが、平成一七（二〇〇五）年、上宝村は高山市と合併したとき、村の北西部は上宝町となり温泉地域である南東部は奥飛騨温泉郷という正式地名となった。

そうそう飛騨から白川郷が区分けされているようなイメージがあるが、正式な地名は大野郡白川村である。

消えてしまった自治体名

明治以後、大きな市町村合併が、明治二二（一八八八）年、昭和三一（一九五六）年、そして平成七（一九九五）年と三度あった。また昭和一五年の紀元二六〇〇年記念とか戦後の高度成長期にもみられた。

さて、合併となると新しい市町村の名称が問題となるが、吸収合併の場合は、昭和一五年の岐阜市と稲葉郡加納町との合併で、加納町がすんなり「岐阜市加納」となったように、吸収した側の名称となる。

しかし、対等合併となるとそうはいかないようである。

そこで、新しい地名が考え出された。海西村（明治三〇年・海津市）などの郡名や、丹生川村（明治八年・高山市）のように、河川名に由来した地名、また「寿町」「栄町」という好字地名の先駆けのような福寿村（明治三〇年・羽島市）が見られた。

さらには妥協の結果だろうか、山田村、小屋名村、上白金村、下白金村の四村が合併した小金田村（明治二二年・関市）や、岩崎村、三田洞村、粟野村が合併した岩野田村（明治三〇年・岐阜市）のように合併するそれぞれの村名の文字を組み合わせた合成地名や、あるいは三郷村（明治二二年・恵那市）、三里村（明治二二年・輪之内町）、七郷村（明治二二年・岐阜市）のように合併した村の数から名づけられたこともあった。せっかく名づけられたのだが、さらなる合併で消えてしまった自治体名も多くあった。しかし、消えた地名の中でも真正村（昭和三〇年・本巣市）は真正中学校、巣南村（昭和二九年・瑞穂市）は巣南中学校というように学校名とか校（学）区名、あるいは施設名などとして残っている。貴重である。

市町村の「離婚」って？

昭和一五（一九四〇）年、稲葉郡加納町と岐阜市が合併するにあたっては、国鉄岐阜駅の下を潜る地下道の建設や住所に「加納」という地名を付けるということなど取り決めをした。

さて、日本は明治以来、市町村合併を続けてきた。それは明治二一（一八八八）年の市町村制の公布によって市町村がそれまでの七万ほどから一万五〇〇〇ほど減少した大合併に始まり、以後も進んだ。

戦後は昭和の大合併といわれる昭和二八年に町村合併促進法が施行され、これをきっかけに岐阜県内でも中津川市、恵那市、土岐市、瑞浪市、羽島市、美濃市、美濃加茂市が誕生し、さらには平成の大合併によって飛騨市、下呂市、山県市、瑞穂市、本巣市、郡上市、海津市が誕生した。

しかし、取り決めをして合併（結婚）してみると、いろいろ不満が生じてくることもある。そこで、合併後の分離、つまり「離婚」も現れたのである。岐阜県では大正二（一九一三）年の藤橋村（現・揖斐川町）、昭和二七年の笠原村（現・多治見市）などがあった。もっとも、明知町が明知町と静波村と分離したのち、また合併（再婚）して明智町（現・恵那市）になったという、元の鞘《さや》にもどった事例もある。

法律では、市町村議会で決議の後、知事に申請し県議会の決議を経て、総務大臣に届ければ分離独立ができる。合併時の取り決めがいまだに守られていないとか、あの合併はするのではなかったという話は本当によく聞く。だったら、いっそのこと、それぞれの地域が幸せになるのなら、さっさと分離独立して理想的な地域づくりをすればいいのである。

美濃と関はライバル

古くは上有知《こうづち》町、明治四四（一九一一）年に美濃町となった美濃市の中心部は、古くから和紙の集散地、あるいは江戸初期までは金森氏の城下町としても栄えていた。一方、関市（関町）の中心部は、中世以来、刀鍛冶の町として全国に知られていた。このお隣同士の両市は、いつからかライバル関係となった。

明治一三年、武儀郡役所が上有知町に建設されたが、まもなく手狭になり明治二〇年代に移転新築案が出された。そこで美濃町と関町が激しい誘致合戦を行い、大正六（一九一七）年に、ようやく美濃町に新築された。

大正八年、岐阜県は武儀郡内に中学校の設置を決定したが、こんども関町と美濃町が激しい誘致合戦を行い、美濃町に設置されることになり、大正九年、武義中学校（現・岐阜県立武義高校）が開校した。公立の女学校は、関町立の高等実科女学校が武儀郡立、のち岐阜県に移管され、大正一二年、武儀高等女学校（現・岐阜県立関高校）となり、こんどは美濃町と関町が、うまくすみ分けるような決着となった。

大正末期から昭和にかけて『東京音頭』や『ちゃっきり節』で知られる新民謡が流行して、いわゆる「ご当地ソング」が全国各地で誕生した。関町が作詞・野口雨情、作曲・藤井清水で、昭和五（一九三〇）年に東京の松坂屋で『関音頭』を発表すると、美濃町は昭和八年に、『東京音頭』のコンビ、作曲・中山晋平、作詞・西条八十で『美濃町音頭』『美濃町小唄』を美濃町の小倉座で発表している。野口雨情、西条八十、中山晋平、藤井清水と、両町とも著名人に作詩、作曲を依頼して競い合ったのである。

地名変更で活性化狙う

かつて宝塚市が、宝塚歌劇団創立一〇〇周年をふまえて、宝塚市栄町一丁目の一部を「歌劇町」に変更したいと発表したことがあった。阪急宝塚駅と宝塚大劇場を結ぶ通称「花のみち」といわれるあたりで、宝塚歌劇団が持っている文化、芸術というイメージで街の活性化を期待する狙いがあったという。民間企業が経営する宝塚歌劇団に由来する地名となるが、宝塚歌劇団という全国的なブランドに寄りかかっての地名変更なのであろう。しかし賛同が得られず断念となった。

地名を変更するという事例は「井ノ口」から「岐阜」というように古くからよくあるが、民間企業に由来する地名も幾つか見られる。トヨタ自動車の本社がある豊田市は、それまでの挙母《ころも》市を社名と創業者名を取って変更した。また大垣市の田口町は禾森《のぎのもり》町の一部を西濃運輸の創業者の名前から名付けられた。

ＪＲ岐阜駅前にある「じゅうろくプラザ（岐阜市文化産業交流センター）」は、当時の郵政省関連の施設「ぱ・る・るプラザ岐阜」を岐阜市が購入、命名権を募集してこの名称となった。公共施設の名称も命名権によって企業に売られる時代なのである。

そのうち企業がイメージアップや地域貢献のために、命名権購入によって本当に自治体名が変更されるかもしれない。自治体が無理であれば、数十戸程度の小さな町内や集落の命名権、あるいは小さな滝や河川、山という地名の命名権であれば実現しやすい。

著名人や成功者の誕生の地であれば、その証が残せる。

伊吹山、語源は伊福？

人もまたかくや伊吹のさしも草と思ふ思ひの身はこがしけり　和泉式部

伊吹山は、日本武尊《やまとたける》が山の荒神に敗れたという伝承や、薬草の山として知られている。また古くから山岳信仰が盛んで、伊吹山寺をはじめ百坊といわれる寺が建ち並び、そこでは槍ケ岳開闢《かいびゃく》で知られている修《しゅ》験僧《げんそう》の播隆が修行したこともあった。

さらには伊吹山を挟んで滋賀県と岐阜県に同じ名称の伊富岐神社もあり、伊吹山はまさに霊山である。伊吹山の由来は、「息吹き」つまり、霊気を吐く山ということから名づけられたともいい、夷服、胆吹、伊服岐、伊夫岐、五十葺、伊富貴というような漢字をあてていたこともあったようである。

さて、古代に伊福部とか五百木部という豪族がおり、都の大内裏に一二あった門のうち伊福門（のち殷富門）を守った門号氏族（門を守衛していた地方豪族）であった。根拠地は、揖斐川と粕川の合流点付近にあった伊福郷で、現在の揖斐郡池田町沓井あたりである。もっとも伊福郷は現在の同郡揖斐川町の旧春日村などにあったともいわれている。

伊福郷の上流の谷は伊福谷（現在の粕川）、さらに奥に伊福山と呼ばれる山があり、伊福山がいつしか伊吹山に転化していったという。つまり伊福部氏という豪族の名前、伊福郷という地名、あるいは伊福門から伊吹山と呼ばれるようになったのかもしれないのである。

現代においても伊吹山は、校歌などで歌われるように多くの人々に親しまれている。

折れ曲がる街道と条里制

中山道の馬籠宿、中津川宿や、加納城の城下町を兼ねた加納宿のように、江戸時代の宿場や城下町では、升形《ますがた》というクランク状に折れ曲がっている街道が多く見られる。これは宿場や城下町を防御するために形成されたという。

滋賀県木之本町から関ケ原町に至る北国（北陸）街道脇往還《わきおうかん》のうち、木之本から雨森、郡上、野村付近までの一〇キロ以上にわたって、街道が南、東、また南、東へと幾重にもクランク状に折れ曲がっている。これらの地域は江戸時代の城下でも宿場内でなく、集落や水田地帯を通っている。滋賀県内では、ほかの街道でもみられる。道が折れ曲がっている場所は、律令時代の条里制の遺構、つまり古代の田んぼの畦道《あぜみち》のような道の上に、江戸時代の街道が通っていると思われるのである。

石川県加賀市高塚の水田地帯を通る北陸街道は、現在は水田の中をまっすぐに通っているが、かつては街道が何回も直角に折れ曲がっており「七曲」と呼ばれている。また、中山道の美江寺宿と赤坂宿の間にある平野井川の大島堤を西に進んだあたりも、「中山道七曲がり」というので、これらも条里制の遺構かもしれない。現在でも六条（岐阜市）、六里（大野町）など条里制ゆかりの地名が各地に残っている。

律令時代の条里制の道と、江戸時代の街道がぴったりと一致するかどうかは分からない。条里制と江戸時代の街道の間には、八〇〇年以上という時間が経過しており、条里制の田畑は水害などによって消滅しているかもしれないが、案外、そうではない道もあるに違いない。

羽栗郡と葉栗郡

木曽川の下流、岐阜県と愛知県の境を流れているあたりは古代より度々洪水があった。貞観七（八六五）年、尾張国司が木曽川の河川工事を行おうとした。洪水によって木曽川が尾張国内に流れ込んだため原状回復をするためだという。この工事の最中、美濃側が兵を出し襲撃するという「広野川事件」が起きた。これは尾張国司が新しい流れの木曽川が美濃側になるのを恐れたからといわれている。

さて、木曽川の洪水でもっとも知られているのは、天正一四（一五八六）年ころに起きた大洪水であろう。「ころ」というは、「天正一四年以前から現在の木曽川の流れとほぼ同じルート」（榎原雅治『中世の東海道をゆく』）ということもあり、はっきりと天正一四年と断定できなかったと思われるからである。

それはともかく、それまでの木曽川の流れ（現在の境川）が、このときの洪水によって尾張の葉栗郡、中島郡、海西郡の中ほどを通り、現在の木曽川となった。新たな木曽川の流れの西や北側は、豊臣秀吉によって美濃に編入されたというが、正式には天正一七年ごろ以後の検地によって美濃に編入されたといわれている。その結果、美濃側の葉栗郡は羽栗郡と名称を改め、また、中島郡と海西郡という名称は美濃、尾張両国に存続することとなった。美濃側の海西郡は、明治三〇（一八九七）年に下石津郡、安八郡の南部が合併して海津郡となり、同じく美濃側の中島郡と羽栗郡も明治三〇年、合併して羽島郡となった。

つまり、現在の各務原市川島、羽島郡岐南町、笠松町、岐阜市柳津町、羽島市、海津市あたりは、かつては尾張だったのである。現在、名称が美濃と尾張の境を象徴している「境川」でしのぶほかない。

寂しい「新田」地名の消滅

江戸時代、全国各地で新田《しんでん》開発が行われるようになった。加賀藩では富山県（越中）の神通川流域で二万五〇〇〇石と大規模に開発しているが、岐阜県の各地では小規模ではあるが、大浦新田（羽島市）、万寿新田（海津市）、楡俣《にれまた》新田（安八郡輪之内町）などの多く新田が開発されていた。

さて、岐阜市の西南部に茶屋新田という地名がある。これは寛永一一（一六三四）年、三代将軍家光が上洛のおり、美濃路の墨俣宿の長良川対岸にある日置江村のこの地に、加納藩が休息所として茶屋を設置した。そのとき、日置江村、次木村、墨俣の農民が出作り（現地に住まわず耕作する田畑）していた程度の湿地を新田にしたのに始まる。将軍用の茶屋が水没しては差し支えがあるので、周辺の村々や、墨俣を支配していた尾張藩も黙認したと思われる。

一方、岐阜市長森には、かつて佐兵衛新田という地名があった。これは加納宿の宿老であった三宅佐兵衛によって元禄一一（一六九八）年に開発が始まり五年後に完成した新田である。しかし、昭和五四（一九七九）年の地名変更によって琴塚一丁目から四丁目などとなり、佐兵衛新田という地名は地図から消滅してしまった。その後、琴塚一丁目とその周辺の範囲で、「新田」という名称で自治会を新たに作りコミュニティーを保っているが、今日では「佐兵衛新田」という地名はバス停名でしのぶばかりである。

佐兵衛新田以外にも、現在、消えてしまった野村新田（各務原市）、三滝新田（同）などのように新田由来の地名は多くあった。新田にまつわる地名が地図から消えてしまったのは寂しい気がする。

岐阜にも多い方角地名

京都市には左京区、右京区という地名がある。観光客がＪＲ京都駅を降り北向きに立ち、京都市の地図を見ると、左側に右京区があり右側に左京区があることが分かり、戸惑いを覚えることであろう。これは大内裏《だいだいり》から南を見て右、左としたものだからである。

この京都のように方角地名は全国的に見られるが、もともと一つの地域がいくつかに分割して名づけられたものが多い。岐阜県でそんな例を見てみよう。

岐阜県庁の所在地は岐阜市薮田南である。薮田には東、西、中があり北がない。高山市では上、下それぞれ一之町、二之町、三之町があり、岡本町は上、下に分かれている。羽島市では竹鼻町に上町と中町、下町があり、鍋屋町に上、下が付く。関市の下有知は、古代の武藝郡有知郷から分割したのではないかと思われる。上有知は現在の美濃市の中心部に、中有知は美濃市の南部にかつてあり、時代は異なるものの上、中、下と存在していたが、現在では下有知だけとなってしまっている。

岐阜市加納の広江は東西南北とそろい、さらには中もある。もっとも京都市の区名は左右をはじめ東西南北、上中下と、全ての方角を織り込んだものとなっている。

ちなみに、古い方角地名の多くは、地名の上に方角が付けられているようである。一方、現代の区画整理後に付けられているような方角地名は、薮田南のように、地名の下に方角が付けてある例が多く見られる。法的には決まりはないようだが、いささか気になる。

水車小屋の地図記号

国土地理院の五万分の一や二万五〇〇〇分の一の地形図を見ると、県庁とか市役所とかさまざまな地図記号が記載されている。最近では風車、老人ホーム、図書館や博物館の記号ができた。

国土地理院の地形図の前身である戦前の陸軍測量部の五万分の一や二万分の一の地形図を見てみると、軍関係など現在では見られない記号もあり、そのなかには三本のとげが刺さっているような半円形の記号がある。これは「水車房」といい水車小屋を表している。岐阜県内のこれらの地形図でも、水車房記号を〝発見〟することができる。

水車小屋は、米、麦、蕎麦などの穀物を粉にしたり、回転軸をそのまま機械の動力にしたり、発電したりするために使用されており、戦後間もなくまであった。

昭和三〇年代前半、山県市の旧美山町の奥深い山間部のある集落では、灯油によるランプ生活であったが、一軒だけは家屋の傍らに木製の発電用の水車が回っており、そこから電線を引き六〇ワット電球数個で屋内を照らしていた。平成二六年の秋、中津川市の中山道の馬籠宿を訪れたとき、観光用であろうが、クルクル回る水車を見掛け懐かしさを覚えた。

郡上市白鳥町石徹白《いとしろ》では農業用水を使用した小さな水力発電所が稼働している。かつて穀物の製粉や自家用発電などが目的であった水車は、今や再生可能なエネルギー源として大きく注目されるようになった。

現代の水車小屋は、今後、全国各地で設置されることになるだろう。

低地にもある分水嶺

岐阜新聞の一面コラムのタイトルは「分水嶺」である。それまでの「編集余記」を平成二〇（二〇〇八）年三月二四日から「分水嶺」と改題した。当日の「分水嶺」には、「（太平洋と日本海側の水が分かれる）分水嶺があるのが岐阜県の大きな特徴。足元をしっかり見つめたい……」とあり、岐阜県の地形的な特徴もふまえての改題に、深い狙いや熱意が伝わってくる。

飛騨と美濃との代表的な分水嶺といえば、高山市一之宮町の位山《くらいやま》分水嶺と郡上市高鷲《たかす》町の分水嶺が挙げられる。一之宮町には分水嶺公園があり、ここから北が宮川、神通川となり富山湾に注ぎ、南は、飛騨川（益田川）から木曽川となって伊勢湾に注いでいる。高鷲町の分水嶺にも分水嶺公園があり、水が南北に分かれる「完全分水嶺」といわれ、北は御手洗川から庄川に流れ富山湾に注ぎ、南は長良川で伊勢湾に注いでいる。

一方、低地にも分水嶺が存在する。それは関ケ原町今須と滋賀県米原市柏原町長久寺との境の集落にあり、標高にして一八〇メートル足らずの低いなだらかな場所なので、分水嶺とは感じにくい。

岐阜県側は、今須川から藤古川、牧田川、そして揖斐川となり伊勢湾に注いでいる。一方、滋賀県側は天野川から琵琶湖に流れ込み、さらに琵琶湖から瀬田川、宇治川、淀川と下り大阪湾に注いでいる。今須の分水、国境の家を挟んで岐阜県側は赤味噌文化圏で四角餅を食し、滋賀県側は白味噌文化圏で丸い餅を食べている。分水嶺は、文化や習慣の分かれ目といわれ、この集落でもそれがみられるのである。

川が玄関口、湊町

房島（揖斐川町）、兼山（可児市）、上有知（美濃市）、小瀬（関市）、笠松（笠松町）、赤坂（大垣市）、船町（大垣市）、川原町（岐阜市）。

これらの共通点は何だろうか。実は河川の湊町《みなと》だったのである。かつて、このほか岐阜県内では竹鼻町川町（羽島市）のように、中小河川の湊を含めると実に多くの湊があった。

まだ物資の運搬がトラックや鉄道などの陸送ではなく、水運が盛んだった時代には、川湊を物資の集散地にして、帆掛け船や小さなエンジンを付けた舟が河川を上り下りしていた。米やお茶などの農産物や炭、薪、石炭、あるいは肥料となる灰や、建築資材となる河原の石というようにさまざまな物資が、遠く桑名や名古屋方面まで運ばれていたのである。また、筏流《いかだ》しや餌飼の舟も各湊に立ち寄ったりもしていた。

さらには、定期的に人を乗せていたり、伊勢湾あたりまで潮干狩りの舟がでていたこともあった。岐阜県各地の湊町では、規模は異なるものの堤沿いなどには蔵や店舗、あるいは料亭や旅館が建ち並んでおり、賑わいをみせていた。

また、当時の湊町の町並みは川を正面としてみたてる構造となっていた。つまり川が町の玄関口であったといえるのである。現在は、河川は単なる水を流すだけの水路というような感覚となり、建物はもとより日常的な生活も川に背を向けて暮らしているような気がしてならない。

湊の繁栄ぶりは、川灯台や常夜灯、湊を見守った小さな社、あるいは石畳でしのぶしかない。

苦難の歴史をくぐりぬけた各務用水

かつては、水不足で田んぼが干上がると、稲の一株一株の根元に桶《おけ》やヤカンで水を注いだりしていた。水不足解消のためには、ため池を設けたりもしていたが、そのうちに河川から引き込む農業用水が建設されるようになった。岐阜県内各地でも古くから、多くの農業用水が建設されていた。

現在の関市の南部から岐阜市の東部、各務原市西部の水田を潤す各務用水は、明治一三（一八八〇）年、津保川から取水し現在の関市南部辺りのみ灌漑《かんがい》するという案が始まりという。明治一六年の大干ばつが契機となり、長良川の小瀬から取水して現在の関市の南部から岐阜市の東部までという広域な農業用水造成の機運が高まり、明治一九年測量を開始して明治二三年に一応完成した。しかし、同年に起きた濃尾地震や、度重なる水害によって被害を受けるたびに復旧を行い、明治三四年、やっと完成をみた。

後藤小平治、横山忠三郎、岡田只治が率先して企画や建設に尽力したが、その間、横山忠三郎が襲われたり、「岡田ぎつねにだまされて、水はこんこん、人はわいわい」と揶揄《やゆ》されるなど、非難、中傷や反対論、さらに下流域にあたる荒田川地域などから抗議もあったという。

のちに各務用水は強固なコンクリート作りとなり、途中、津保川、山田川、境川、岩地川の四カ所では河川の下を潜っている。これは、江戸時代からあった金沢の辰巳用水と同様、サイフォンの原理を応用したものである。明治以後では岐阜県一という大工事であったという。

現在では、二五キロメートルほどの水路によって、五六八ヘクタールの水田を潤している。

自然豊かな清水川に

ＪＲ岐阜駅のすぐ南から南東に向けて流れる清水川は、荒田川と合流する一キロ足らずの街中の小さな河川であるが、戦前まではハリヨが泳いでいた清らかな流れであった。また昭和三〇年代ころまでは、清水川沿いの土手には和傘が干されていた。もちろん、工場廃液などで汚染されていた時代もあった。

さて、そんな清水川を、荒田川と合流する地点から上流に向かって訪ねてみる。この辺りは、川の両側に鋼矢板という鉄製の板が打ち付けられており、間もなく川の両側はコンクリートの壁となってくる。用水のような景観である。いずれも戦後になって河川工事がなされているが、当時は水をいかに早く流すかという考えが一般的だったからであろう。

さらに上流になると、景観が一変する。岐阜地方気象台が毎年、桜の開花宣言を行っている標準木があることで知られている河川公園となっているのである。清水川そのものも川の中に岩がいくつか置かれていたり、魚類が生息するように水辺に植栽したりと、上流に向かうほどそれが顕著となっている。またカワセミなど野鳥も普通に確認できるほど自然環境が豊かになった。鮎も上ってくる。ＪR岐阜駅近くの、子どもたちが水辺に親しむ姿が見られる「清水緑地」は、まさしく完成度の高いものであろう。さらにはＪR岐阜駅・アクティブＧの南沿いでは、親水スペースを設けるため川が二重構造となっている。

このように清水川では、自然環境にそった河川づくりの過程、つまり人々と河川との関わりの歴史がリアルに観察できる。河川土木や河川環境の研究者でなくても訪れたい興味深い川なのである。

水路は暗渠に

平成二六（二〇一四）年一〇月のことだった。東京の千駄木の書店さんを訪れた折、女性の店員さんが「この辺りは昔、よく洪水があってね」と語ってくれた。

なんでも上野公園がある台地と、東大がある本郷の台地に挟まれた細長い谷である千駄木や根津かいわいは、台東区と文京区の境に蛇行して流れている藍染川が豪雨のたびに氾濫していたという。現在は、排水機も設置され氾濫はなくなり、かつての藍染川は暗渠《あんきょ》となっている。その後は通称「へび道」といわれる蛇行した細い道となっていると教えてくれたので散策したが、道の下に川が流れているとはとても思えなかった。

このように、かつての小さな河川や用水、水路を暗渠にして道路として活用しているケースが多くある。岐阜市柳ケ瀬の辺りは、かつては農業用水や排水路が張り巡らされていたが、現在は暗渠になっている。ただ、東柳ケ瀬のプロムナード「アクアージュ柳ケ瀬」だけは一部が開渠され清らかな流れを見ることができる。これは特殊な例で、岐阜市の中心部の水路のほとんどが暗渠化道路になっている。しかし、このような所を散策してみると、一般的な道路とはなんとなく異なっているのに気が付くことだろう。一般の道路との交差の様子が妙だとか、東京の「へび道」のように蛇行しているとか。

道路の両側に建ち並ぶ家屋が、かつての用水側に面していた場合、道路側に勝手口があったり、道路の傍らに小さな水門や低い欄干が設けられていることにより、かつては水路だったことが発見できるだろう。

「うだつ」は地域の財産

「卯建」とか「梲」とも書く「うだつ」は、切り妻住宅の両側の壁を防火用に高くしたもので、壁の上に瓦を葺《ふ》くものや二階と一階の屋根の間に張り出した袖うだつなどがある。しかし、うだつの建築には費用がかかるため、いつしか裕福の象徴ともなり、そこから「うだつがあがらない」という言葉が生まれた。

起源は室町時代から江戸初期という、うだつのある住宅は、徳島県美馬市にある建物群や福井県南越前町今庄の京藤家住宅など全国各地に現存する。

岐阜県内では、まずは国指定重要伝統的建造物群保存地区となっている美濃市の中心部にある町並みが挙げられるだろう。また、中津川市の中山道筋にあるはざま酒造の建物や旧肥田住宅、あるいは美濃加茂市の旧脇本陣や岐阜市の中心部にある岡本家住宅がある。羽島郡笠松町の杉山家住宅の場合は庭の奥にある蔵に片方だけ袖うだつがあり、杉山家住宅の両側にある住宅にも、似たような袖うだつが見られる。

一方、北方町にも、うだつのある住宅があったが、いつしか解体されてしまった。このように、かつては県内においても、うだつのある住宅が多くあったに違いない。

そういった中、平成二二（二〇一〇）年に各務原市鵜沼でうだつのある建物が新築された。まだ初々しさが残るこの建物は、明治二四（一八九一）年の濃尾地震で倒壊した脇本陣を復元したものである。

各地に存在するうだつのある建物を見ると、施主がどのような思いで建築を依頼したのだろうかなどと想像してしまうが、それはともかく、地域の財産として活用しながら大切に保存してもらいたい。

「にわか銀座」の出現

江戸時代、江戸などに小判などを鋳造する金座と銀貨を鋳造する銀座が置かれていた。江戸の銀座は現在の中央区銀座二丁目付近で、この「銀座」は、いつしか日本を代表する大繁華街となっていった。繁栄している東京の銀座にあやかりたいのだろうか、全国各地に「銀座」という名称を付けた商店街が出現し、現在、数百を数えるという。

岐阜県で見ると多治見市新町には多治見銀座、恵那市には銀座一丁目、二丁目、三丁目、東銀座がある。また中津川市付知には付知銀座通りがある。岐阜市の柳ケ瀬の東側にある商店街の美殿町は、かつて「銀座通り」と称していた。現在では返上しているが、「銀座」を返上した商店街はまれであろう。

さて、揖斐川水系では、かつて商店街が形成されており「銀座」ともいっていたと地元の人に聞いたことがある。揖斐川町東津汲は、大正一〇（一九二一）年完成の東横山ダムをはじめ、平成二〇（二〇〇八）年に完成した徳山ダムまで今日までいくつかダムが建設されたので、建設関係の人々を顧客対象とした小さな「にわか銀座」が建築現場付近に誕生し、消えていったに違いない。

昭和三六（一九六一）年に完成した御母衣《みぼろ》ダムの場合はそれが顕著である。合掌造りの家がたった二、三軒あった程度という牧地区（大野郡白川村）が、ダム建設が始まると、雑貨屋、飲食店はもとより、パチンコ店や映画館まで建ち並び「御母衣銀座」と呼ばれた商店街というより歓楽街が出現した。

このように「銀座」は、どんなかたちにせよ商店街の代名詞になっていたようである。

京都に「哲学の道」がある。銀閣寺から永観堂あたりまでの疎水沿いの散歩道で、その名称は、通り名とか愛称である。東京では、表参道や竹下通りが浮かぶだろうか。

「焼肉街道」とは

福井県あわら市には、万木《ばんぼく》通りという通りがあり記念碑も建立されている。昭和三一（一九五六）年四月、芦原温泉で街の四割程度が焼失するという大火災があった。すぐさま国によって災害復興の都市計画が出されたが、当時、自民党副総裁であった大野伴睦の英断によって地元の意向に沿った復興となった。地元ではこの英断に報いるため、温泉街のメイン通りを伴睦の俳号「万木」から「万木通り」と名付けたが、現在、地元では万木通りという名はあまり知られていないという。

岐阜県内では、岐阜市のＪＲ岐阜駅前の平和通りが挙げられよう。戦前は凱旋通りといわれていたが、戦後は平和通りとなった。現在は、「金華橋通り」と呼ばれている。

近年、有名になったのは各務原市の「冬ソナストリート」であろう。韓流ドラマ「冬のソナタ」のロケ地そのままのようなメタセコイヤの並木道である。韓国春川市と各務原市の姉妹都市交流がきっかけとなったといい、さらには「各務原キムチ」が特産品へと発展し相乗効果を上げている。

注目を浴びているのが「焼肉街道」である。養老町を南北に縦断している県道五六号線沿いなどに、焼肉店が一〇軒ほど競い合うよう並ぶ。平成以前から焼肉店はあったが、平成に入ってから、何軒もが立ち並ぶようになり焼肉街道というようになったという。評判が良いので、もっと増加するだろう。

第六章　街道と旅・交通

街道起点の象徴、中橋

飛騨高山といえば、春・秋の高山祭と同時に、宮川に架かる擬宝珠と赤い欄干の中橋が浮かぶだろう。江戸時代には、「代官と代官所役人しか通れなかった橋。ためにいまだに代官橋と呼ばれている」（江夏美好『わたしの飛騨高山』）という橋だが、洪水により何度も流失している。また「赤い中橋」となったのは昭和四〇（一九六五）年のことだというが、それ以前にも赤く塗られていたことがあった。

さて江戸時代には、この中橋あたりが各街道の起点になっていた。まず古代、京と飛騨国府を結んだ東山道飛騨支路を世襲したような宮峠を南下して下呂、金山、関方面に向かう飛騨街道がある。益田街道とか尾張街道、京街道とも呼ばれていた。

ついで、中橋付近の高山市政記念館から北上して富山に向かう越中街道がある。越中ブリが運ばれて来た〝ブリ街道〟で越中の人々は飛騨街道、飛騨往来、高山道などと呼んでいる。途中、角川経由で宮川沿いを通る越中西街道、おおむね高原川左岸を通る越中中街道、右岸を通る越中東街道の三ルートがあった。いずれのルートも越中から海産物や塩、米、生活必需品が運ばれており、飛騨にとっては文字どおり生命線であった。そして幕府の役人が利用していたので江戸街道とも呼ばれていた、野麦峠を越え信州に向かう野麦街道、安房峠で信州に向かう平湯街道、さらに郡上八幡や白川に向かい、それぞれ郡上街道や、白川街道とも呼ばれていた高山街道があった。

位置的には若干ずれているが、この赤い中橋を眺めると各街道の起点の象徴のように思われるのである。

高山藩金森氏時代の里程標

徳川家康が慶長五（一六〇〇）年、関ケ原の戦いに勝利すると、慶長六年に東海道、翌年には中山道と、江戸を起点にして街道を整備し始めた。いわゆる五街道である。

街道には宿場のほか松並木や、一里（約三・九キロメートル）ごとに一里塚が設置された。岐阜県内の中山道には国史跡となっている垂井町の「日守の一里塚」ほか、各地に一里塚が現存している。

さて、江戸幕府が街道を整備すると領内に一里塚や松並木を整備する大名も見られた。北陸街道では、富山県、石川県では加賀藩などによって、福井県では福井藩によって一里塚が設置された。現在でも一里塚や多くの一里塚跡の碑が見られる。

飛騨金森氏の場合、高山の宮川に架かる中橋を起点のようにして越中街道など幾つかの街道を整備して一里塚の代わりに石製の里程標を置いた。五間（約九メートル）四方という場所を取る一里塚よりも石のほうが山間部では都合がよかったのだろう。

現在、金森氏が設置した里程標は、飛騨市古川町の増島天満神社の境内と飛騨市宮川町野首に置かれている。いずれも当時の位置とは異なっているが貴重なものである。

金森氏が幕府にならい、一里塚のかわりに里程標を整備したのであろうが、ひょっとすると、幕府より以前に設置したとも考えられる。金森氏が里程標を設置したのは慶長年間といわれているが、金森氏が三木氏を滅ぼし飛騨を平定したのは天正一三（一五八五）年、慶長元年は一五九六年だからである。

前田慶次と竹中重門の旅

慶長五（一六〇〇）年、関ケ原の戦いに勝利した徳川家康は、翌年、東海道、さらにその翌年には中山道と、街道の整備を始めた。松並木や一里塚はもとより、宿場の設置を進めていったが、整備に数十年かかった宿場もあった。

さて、そんな江戸時代初期の美濃の中山道のようすを、旅日記で垣間見ることにする。

前田利家の甥、前田慶次が、京都伏見から出羽米沢へと向かったのは、関ケ原の戦いの翌年の慶長六年一〇月二四日のことであった。堅田から琵琶湖を舟で東に向かい、米原に上陸して美濃に入る。二六日、赤坂に宿泊して、革手（川手）、鵜沼と進み太田宿に宿泊して太田の渡しを渡り、伏見から御嵩に至り、大湫、中津川でそれぞれに宿泊して、米沢に一一月一九日、到着している。

前田慶次の旅から、しばらくした元和三（一六一七）年ころ、旗本竹中重門は七月二五日に江戸を出発し、甲州街道から中山道に入り、八月二日、大井、三日、太田と宿泊して岩手（垂井町）に到着している。途中、革手で休息し、「……いにしへ此国のあるじめく人住しかば、門ならべ軒かさね、時めきあへるさまなりしが、今は古畠となりて……」と、かつての美濃国守土岐氏の居館があり繁栄していた当時の革手をしのんでいる。

興味深いのは、ふたりとも川手を経由しており、川手近くの加納には触れてはないことである。これは新規に設置された加納宿が、当時は、十分に宿場として機能していないことを示しているのかもしれない。

九里半街道と濃州三湊

九里半街道といえば、江戸時代、若狭小浜から熊川、保坂を経て、琵琶湖の今津湊《みなと》までを結んでいた街道のことである。途中、保坂から分岐して京までを結ぶ街道があり、この小浜から京までの若狭街道を鯖街道といっていたことは、よく知られている。

琵琶湖の米原湊から番場、醒ケ井、柏原、今須、関ケ原まで中山道の宿場を通り牧田、高田を経て濃州三湊と呼ばれた揖斐川の支流の牧田川沿いにある烏江、栗笠、舟付の三湊までのルートも九里半街道といっていた。今須宿から直接、牧田まで結ぶ平井道もあった。

この濃州三湊までの九里半街道のほうが、当時の日本の交通網にとって重要だった。当時、蝦夷や東北の物資は、べんざい船とも呼ばれていた北前船で海路、敦賀まで運ばれ、敦賀から陸路、琵琶湖の塩津湊へ、ここから琵琶湖を舟で彦根藩が整備した米原湊へ、そして九里半街道で三湊を経由して、美濃各地をはじめ尾張へ、さらには海路、江戸へと運ばれていったからである。つまり、蝦夷からこの三つの湊を経由して江戸まで至る、壮大なルートがあったということなのである。

しかし濃州三湊は、江戸中期以後は衰えてしまった。それは土砂の蓄積によって湊の水位が浅くなり舟が湊に着けなくなったからだとか、大垣の船町湊が発展していったためだとかといわれている。

当時の繁栄ぶりは、湊跡などに残る常夜灯や石碑、船頭たちが伝えたものもあるという栗笠の獅子舞などでしのぶほかはない。

石仏、道中の安全祈願

秋、山から下りてきた赤とんぼが路傍のお地蔵さんに止まっている姿は、なんともいえない風情がある。「お地蔵さん」もその一つである石仏には、馬頭観音や道祖神をはじめ延命地蔵、不動明王、六地蔵と実にさまざまなものがある。

そのうち、街道筋に多いのが、馬頭観音であろうか。お地蔵さんの頭の上に馬の頭が刻まれているからすぐ分かる。元々馬に乗って人々を救済するという観音であったというが、物資を運搬する馬方などが馬を供養するとともに道中安全を祈願する信仰が広がっていった。道標の役目を持たせるために光背に方角を表す地名を刻んだものや、ただ石に「馬頭観音」と文字が彫られているだけというものも見られる。

一方、仲良く男女の像が刻まれていることで知られている道祖神は、子孫繁栄、道中安全のほか、疫病を村境で防ぐ役目もあったのだろうか、道の分岐点やかつての村境に置かれたりしている。岐阜県内でも中津川市の「双頭一身道祖神」や、関市洞戸の背丈ほどある大石に「道祖神」と文字が彫られたものなど各地に見られるが、岐阜県内では他の石仏に比較すると非常に少ない。

道祖神は、江戸時代に上州、信州など関東方面に信仰が広まったが、岐阜県の東濃、中濃地方あたりで止まったようで、これより西ではあまり見られない貴重な石仏なのである。

こんな石仏たちは、その愛らしさからだろうか、カメラの被写体や絵画の素材にもなっているが、今でも道中や人生の安全を見守っているに違いない。野の花の一輪でも手向けるといいだろう。

道標、昔の場所にこそ

平成二四（二〇一二）年四月二三日付の岐阜新聞に、明治二六（一八九三）年建立の道標が、土岐市土岐津町高山で、民家の隣家との境目代わりとなり横たわる格好で発見されたという記事が紹介されていた。

この道標は、かつては高山地区の下街道沿いの分岐点に建てられていたに違いない。このように道標は近代以後、道路が拡幅など整備されていくと、いつしか邪魔な存在となっていく。例えば、伊勢街道と香良洲《からす》街道との分岐点にある思案橋（三重県津市）という小さな石橋の近くの空き地には、長細い道標が横たわっており、富山市願海寺では北陸街道の道標が道路の隅に放置されたように置かれていた。

現在では行方不明になっている道標も多い。関ケ原町の関ケ原町歴史民俗資料館の敷地内には、いくつかの道標が一カ所に展示されているが、これは一種の行方不明を防ぐための処置でもあろう。

土岐市土岐津高山の道標は、境目として再利用されていたから幸せかもしれない。しかし、もっと幸せな道標がある。それは中山道加納宿（岐阜市加納）の南広江の道標である。戦前、道路の拡幅に伴い旧家の庭に置かれたのち、加納小学校校庭に移されていたが、昭和五九（一九八四）年、ほぼ元の場所に戻ってきたからだ。北国（北陸）街道木之本宿（滋賀県長浜市木之本町）の二つの北陸街道の分岐点にある道標は、原寸大のレプリカだが江戸時代と同じ場所にある。本物は近くの意富布良《おほふら》神社にある。

このように、道標は設置当時の場所にあってこそ道標なのである。「歴史の道の道標」としての役目もあるからだ。

お伊勢さんと道標

伊勢神宮は、もともと朝廷の関係者以外はオフリミットで、しかも近代まで歴代天皇の参拝がなかった。さて平安末期から武家が台頭、貴族や寺社の荘園や所領が、武家勢力に横領されていった。伊勢神宮の所領も同じような運命をたどっていき、二〇年ごとの式年遷宮が行われない時期もあった。そこで御師の登場となる。平安時代ころから見られた御師は、寺社に訪れる人々の祈禱や宿泊を世話しており、松尾、白山、大山などが知られている。その中でも伊勢の御師は、全国各地で伊勢参拝を熱心に勧め、やがて江戸時代には、お蔭《かげ》参りも流行するような状態となっていった。

いつのまにか全国各地から伊勢を結ぶ街道を「伊勢街道」とか「伊勢道」と呼ぶようになっていった。岐阜県にも、関ケ原から牧田、多良、時と現在の大垣市上石津を南下する「伊勢西街道」や、牧田から沢田、津屋、上野河戸と現在の養老町、海津市を南下する「伊勢東街道」など幾つかのルートがあった。

また伊勢に至る街道の分岐点には、おおむね伊勢を案内する道標も見られた。大井宿（恵那市）の西、中山道と名古屋、伊勢方面に向かう下街道との分岐点には、明治四（一八七一）年に設置された人の背丈ほどの道標がある。ここにはかつて伊勢神宮の小さな社のような遥拝所があり、伊勢に行けない人々が、遠く伊勢に向かって遥拝していた。また岐阜市領下の中山道沿いには「伊勢ちかみち」と刻まれている道標がある。

庶民の間にまで浸透していった伊勢参りを垣間見るようである。

「口留番所」は暇だった？

江戸時代、幕府は全国五三カ所に関所を設置していた。諸藩なども領内の交通の要所に関所を設置していたが、幕府に遠慮して「口留番所《くちどめ》」と称していた。目的は、不審人物のチェックと、人や物資に対する通行税の徴収などであった。もっとも口留番所を置いていない藩も多くあったが、これは地形的な問題や領地が分散している場合で、口留番所を置きたくても置けなかったかもしれない。

飛騨には高山藩時代に三一カ所の口留番所があったが、幕領時代には一八カ所に減少している。そのうち越中境の神通川水系には、越中西街道の宮川左岸の小豆沢（安政の地震以後は杉原）、越中東街道の高原川右岸の横山、そして越中中街道の高原川の左岸の中山の三カ所（いずれも現在の飛騨市）にあった。

文化一二（一八一五）年八月二四日、この中山口留番所に足止めをされた修験僧がいた。名は野田泉光院といい、この日の朝、越中西街道の片掛（富山市）を出発し、神通川左岸の猪谷にある富山藩が設置していた西猪谷口留番所を通過して、籠の渡しで宮川を渡って飛騨に入り中山口留番所に到着したのである。片掛からこの中山口留番所までの距離は五キロほど、仮に籠の渡しで手間取ったとしてもさほど時間はかからなかったであろう。泉光院は、中山口留番所の役人から句を一句所望され、その後も長話を強要され、なかなか番所を通過させてはもらえず、結局、番所がある中山で一泊する羽目になったのである。

番所の役人は退屈しのぎにさまざまなことを強要したのであろうが、番所を早く通り抜けたい旅人にとっては迷惑だったに違いない。

抜け道があった飛騨の関所

元和二（一六一六）年二月五日、木曽福島の関所で、美濃方面から来た三河の父と少年の親子連れが、この関所を通過しようとしたが、役人が改めたところ、少年は女性と分かり、父は斬罪の上さらし首になり女性は放免となった。

「入り鉄砲に出女」と言われるように、江戸時代、幕府は全国に五〇ほどの関所を設置して旅人や荷物を改めていた。中でも中山道の木曽福島、碓氷、東海道の箱根、新居の関所が重要視されており厳しく取り締まっていた。関所には関所手形が必要で、手形を持たず関所を通ると、関所破りとなる。

各大名なども国境などに「口留番所《くちどめ》」「番所」などと称する関所を置き、同じように人や荷物を取り締まり通行税を徴収していた。口留番所には現代でいう税関の役目もあったのである。

関所破りは死罪に相当する罪に問われるにも関わらず、新居の関所を避けようと浜名湖を舟で渡ったり、越後、信濃境にある関川の関所では関所の脇道を抜けている例もある。いずれも、宿屋や茶屋の主人が「この関所はきびしい」とか「手形がないのなら」と旅人に言い案内料を取り関所を抜けさせたという。

飛騨には口留番所が金森時代には三一カ所、幕府領時代には十八カ所ほどあったが、越中西街道には、越中境にある小豆沢口留番所を避けるための間道があったといわれ、同じく飛騨から越中に向かう二ツ屋街道の二ツ屋番所では、役人が「抜け道があるが行ってはならんぞ」と、暗に抜け道を教えたりもしていたという。結構、文字通り「抜け道」があるものである。

広重の「籠の渡し」はどこ?

江戸時代、川を渡るには、橋や舟橋、大井川のように肩車か輿《こし》に乗って、あるいは浅瀬を探して徒歩で渡っていた。なかでも珍しかったのは籠《かご》の渡しであろう。人が乗る籠を綱で吊り、それを川の両岸から渡した大綱に通して、それぞれ岸から引き寄せるものである。飛騨や越中の荘川、神通川流域や、越中の常願寺川や黒部川流域など、橋が架けられないような断崖絶壁でみられた。

籠の渡しといえば、広重の『六十余州名所図会』でも描かれた飛騨の籠の渡しが有名だろう。厳密に言えば、高原川と宮川の合流点近くの、飛騨の谷（飛騨市）と越中の蟹寺（富山県富山市）の間を流れている宮川の渓谷に架けられており、管理は飛騨側の谷が行っていた。その景観は素晴らしく、文人はもとより越中富山藩の藩主や家臣たちも度々訪れていた。文化一二（一八一五）年八月二四日、宮川に架かる籠の渡しを渡った修験僧、野田泉光院は、『日本九峰修行日記』に籠の渡しを描いたが、人が乗る籠台を吊るす綱は四本で、これを十文字にして大綱に架かっている絵である。

現在、飛騨側には石灯籠がある。越中側には大きな石碑があったが、平成一六（二〇〇四）年の台風によって流失、のちに川底から発見され、現在は猪谷関所館（富山市）に保管されている。

ところで広重が描いた『六十余州名所図会』の籠の渡しの場所は、この宮川に架かる渡し橋ではなく、白川郷にある籠の渡しであるという説もある。『斐太後風土記』によると、白川郷には牧村、大牧、荻町、椿原小白川に籠の渡しがあった。広重の描いた籠の渡しの場所は、果たしてどこだったのだろうか。

伏見の女郎塚

「黄昏より寺町（新潟市）をまわり、娼婦どもの店を開きあるを見物す」これは、勤王の志士といわれる清河八郎が、母親を連れて生地の山形庄内から関西、四国、中国、江戸と巡ったときに付けていた旅日記『西遊草』の安政二（一八五五）年三月二七日付の一部である。

当時の旅は、女性は買い物にいそしみ、男性は遊郭や各宿場にいた飯盛女とも呼ばれた宿場女郎と遊ぶこともあり、八郎も同様であった。

北陸街道の宿場町であった串茶屋（石川県小松市）は、加賀、越前、能登で唯一の遊郭があり、大いに繁栄していた。町外れには、遊郭にいた女性たちの墓がある。それも当時としては珍しい石造りの墓で、しかも一基それぞれに「わかふじ」「ことじ」「千代雛」と遊女たちの名前が刻まれており、それが二四基並ぶようにある。もちろん同じ墓地には楼主（経営者）たちの墓もある。このように、ここの楼主たちは彼女たちを手厚く葬っていたのである。

さて、中山道の伏見宿（可児郡御嵩町）は北に兼山湊を控え、繁栄していた宿場だった。この伏見には、洞興寺に隣接して女郎塚というこんもりとした饅頭型の塚がある。伏見宿の繁栄と旅人の道中安全を祈願して、あるいは伏見宿の彼女たちを葬ったとも伝わる塚である。むろん墓碑銘もない。

串茶屋にみられたような石造りの墓は極めて珍しいケースで、伏見宿の女郎塚のように墓も建てられず名前も残さずに葬り去られていたのが普通だったのだろう。宿場のある一面がそこにあったのである。

病人は無料のリレーで国元へ

江戸時代、春になると四国八十八カ所巡礼をはじめ、那智で始まり谷汲で終わる西国三十三所巡礼、伊勢参りなど寺社巡りが盛んであった。それは田植え前までの農閑期であったからでもある。

その多くは「講」といって、村人たちが幾つかのグループに分かれ旅費を出し合い、毎年交代で出掛けていった。しかし、旅先で病気やけが、あるいは亡くなったりもした。まさしく命懸けの旅である。

さて、ある年、松之木村（高山市）の孫作のせがれ佐平が、伊勢参りの帰途、飛騨街道沿いの神渕村（七宗町）で病気になったため、神渕村の庄屋が、関所の番所や問屋場、庄屋宛ての文書を発行し、村送りで無事松之木村まで送られている。

また、下村（恵那市上矢作町）の喜兵衛の母すぎが、天橋立近くの二十八番札所、成相寺に向かう途中だったのだろうか、西国巡礼の途中仲間とはぐれ、普甲峠ともいった千歳峠（京都府宮津市）で足の痛みを訴え地元の小田村の役人に保護された。この地で療養をしたが治らず金銭も使い果たしたため、村役人を通じて宮津藩に願い出て、村送りによって下村へ送られた。下村からは小田村へ礼状が出されている。

松之木村の佐平や、下村のすぎのように、江戸時代においては、村や宿場をリレーして病人を旅先から国元へ送る「村送り」とか「宿場送り」というシステムが確立されていたのである。

費用は無料ではあったが、通過する村々が負担した。この制度は幕府が定めたものではあるが、そこには四国巡礼の「お接待」のように、人々が持っている「弱者救済」という意識が前提にあったのであろう。

灯台が見守る川湊

映画「喜びも悲しみも幾年月」は海を照らす灯台の物語であるが、江戸時代にも海を照らす灯台があった。例えば、富山市を見下ろす標高八〇メートルほどの呉羽山の北隅を通る北陸街道沿いに、天保九（一八三八）年に建立された石造りの常夜灯がある。かつては富山湾を行き交う北前船を見守っていたという。

さて、江戸時代には海のほか、川湊や渡し場に常夜灯があった。岐阜県内でも木曽川の起の渡し（羽島市）、赤坂湊（大垣市）、長良川の小熊野湊（岐阜市）、木曽川の兼山湊（可児市）など、多くの河川の湊や渡し場に常夜灯があった。常夜灯は、宿場や街道筋によく見られるものだが、このように河川の湊や渡し場にも多く設置されていたのである。

また石造りの常夜灯型ではなく木造の灯台もあった。まず、「奥の細道　結びの地」で有名な大垣市の水門川の傍らにある住吉灯台で、高さ八メートルほどの四角い木造の寄せ棟造りとなっている。上部に油紙が貼り付けられた格子がはめられており、灯台内部には階段があり菜種油で明かりを灯していた。元禄年間（一六八八～一七〇四年）に建立され、明治二〇（一八八七）年に再建されている。

また、長良川の上有知湊（美濃市）の住吉灯台は、水門川の灯台と同じ形であるが、こちらは高さ九メートルほどある。いずれにしても渡しの安全や、上り下りする多くの舟を見守ったことであろう。

現在では、小熊野湊の常夜灯のように、堤防の拡幅などによって移転したものも多い。当時そのままに残る二つの住吉灯台は幸せなのに違いない。

象さん、木曽三川を渡る

象が初めて日本の地を踏んだのは応永一五（一四〇八）年、若狭小浜湊（福井県小浜市）だった。これは明の皇帝から日本の王（足利幕府）に、孔雀《くじゃく》、オウムなどとともに献上されたものだといわれている。

さて、江戸時代の享保一三（一七二八）年六月、七歳の雄の象と五歳の雌の象を乗せた清国の船が長崎に着いた。雌の象は死亡したため、雄の象だけが幕府に献上するため江戸に運ばれることとなった。

運ぶというよりも実際は象を歩かせたのだが、速度は一日に一二キロから二〇キロと人が歩く半分程度であったという。長崎を翌年の三月一三日に出発し、九州の北部を横断して山陽道、中山道、美濃路、東海道を通り、江戸に着いたのは五月二五日であった。

途中、象は京都では京都御所に招かれ土御門天皇に「拝謁《はいえつ》」している。この時、参内するため「広南従四位白象」という大名クラスの官位が与えられたというが定かではない。象は水を嫌うというので、浜名湖の今切の渡しを避けている。

象は木曽三川を渡ったが、揖斐川では浅瀬を探して渡り、長良川と木曽川では、舟を二隻つなぎ厚板を敷きその上に土をかぶせ、四方を蓆《むしろ》で囲ったものに乗せ、川を渡っている。さらに船着き場には土を盛り、象が乗った舟と同じ高さに調整している。このように象が驚かないような苦心をしていた。こうして江戸城に着いた象は、将軍徳川吉宗をはじめ諸大名が見物したのである。

象の姿は瓦版《かわらばん》など多くの絵画に描かれ出版された。人々の心に強烈に残った出来事だったのである。

信州に運ばれた「飛騨ブリ」

ブリは、出世魚といって、年を重ねるごとに名前が変わる。例えば、富山ではモジャコにはじまり、ガンド、ニマイズル、ハマチ、アオブリ、五年物でブリと呼ばれる。ちなみにこの地域は、冬場、雷を伴い吹き荒れる暴風雨を「ブリ起こし」や「ごまんさおろし」というが、この時期の富山湾のブリは身が引き締まり一層うまくなる。

江戸時代には、正月用に富山湾の各港で水揚げされ塩漬けされた大量のブリが、飛騨経由で信州各地に運ばれていた。信州ではブリは飛騨から運ばれて来たので「飛騨ブリ」と呼ばれ、そのルートは「ブリ(ぶり・鰤)街道」と呼ばれていた。

富山湾の各港で水揚げされたブリは、腹に一升ほどの塩をたっぷり入れ塩漬けされて、富山から雪の中を三日ほどかけて馬などによって飛騨高山の問屋の川上屋へ運ばれた。さらに仕分け直して川上屋から、ボッカや牛馬によって雪深い野麦峠をはじめ幾つかの道を使って信州各地へと運ばれていったのである。

信州の人々はブリの頭や尾を神棚などに飾り、年越しを祝った。飛騨でも信州でも裕福な家では一匹まるごとブリが買えたが、そうではない家では、半身あるいは切り身を買っていたという。たとえ一切れの切り身でも、今年もブリで年越しができたと感謝したのに違いない。ブリを買えない家庭は、ブリの代わりに安価な塩イカや、塩サバなどで年越しをしていたからである。

現在も、高山市公設地方卸市場で行われている塩ブリの競り市は、歳末の風物詩となっている。

嫌われた御茶壺道中

江戸時代、新茶の時期に「御茶壺道中」などと呼ばれた茶壺の行列があった。これは寛永九（一六三二）年、江戸の三代将軍徳川家光に宇治茶を献上したことに始まるという。毎年、春に江戸から宇治の茶師の上林家の元に運んだ茶壺に、最高級の碾茶《てんちゃ》（粉の抹茶にする前の茶葉）を詰めて江戸まで運ぶものである。

しかし、これは単なる宇治茶の運搬というものではなく、数寄屋《すきや》坊主のほか幕府役人や人足など一〇〇〇人規模の行列になったといい、旅籠《はたご》ではなく本陣で休憩や宿泊させるとか、大名行列と出合うときは、大名が道を譲るとか、徳川幕府は大名行列以上の格式を与えていた。

例えば東海道二川宿《ふたがわじゅく》（豊橋市）では、天保一〇（一八三九）年、宇治に向かう五月六日と、江戸に向かう六月二日、本陣で休憩している。また、天保一一年、江戸に向かって美濃路を通行していた茶壺の行列は、木曽川の増水による川止めによって起宿《おこしじゅく》（一宮市）から墨俣宿泊まりに変更となったが、墨俣宿本陣に三一個の茶壺を置き、尾張藩の役人も駆けつけ警護に当たり、翌日、長良川を御座船で渡っている。

寛文五（一六六五）年、中山道加納宿の久運寺が本陣になったが、住職の玉葉が断ったため加納藩主は玉葉を罷免したという。さらには、元禄六（一六九三）年の熱田祭りが茶壺の行列の通過の日と重なったため、祭りを一日延期させている。

このように権力を持った行列は、権威をかさに着た横暴さが目立ち沿道の人々に嫌われていたようである。「茶壺に追われてトッピンシャン」と歌うわらべうたは、これに由来したものだろうか。

御成街道で岐阜町へ

江戸時代、江戸に「御成街道」という道があった。将軍が江戸城から上野寛永寺に参詣する道筋で、現在のＪＲ秋葉原駅から御徒町駅の西、中央通りに当たる。さらには将軍が鷹狩りに出かけるために整備されたという九十九里あたりの東金（千葉県東金市）までの街道を御成街道（東金御成街道）といい、将軍が日光参詣のときに通った街道も御成街道（日光御成街道）といっていた。

尾張徳川藩主は、領内の知多や犬山、岐阜町を訪れていた。これも将軍同様に「御成」といっていたが、知多と岐阜町は藩主の代替わりに訪れていた。

例えば一二代尾張藩主徳川斉荘は、天保一四（一八四三）年九月二一日、午前三時ころ名古屋城を出発し、当日の夜は長良川で鵜飼を見物し、翌日に金華山に登頂し、二四日の早朝、岐阜町を発している。

とりわけ、岐阜町への御成は意味があったようである。それは尾張徳川家の祖、徳川家康が慶長五（一六〇〇）年の関ケ原の戦いのときに通ったルートであったからであろう。

御成街道といわれているこのルートは名古屋城下から清須、一宮と北上し、黒田（一宮市）から岐阜街道を離れ、さらに木曽川を渡り円城寺（笠松町）から現在の岐南町地内の中野、伏屋、三宅、上印食と進み、境川を渡り細畑（岐阜市）で中山道に入り、加納宿（同）から岐阜町に至っていた。

ところで、尾張藩主が公式とは別に、度々、お忍びで岐阜町に来訪していたということを聞いたことがある。息抜きできる気楽な旅だったのだろう。

御鮨（鮎鮨）街道は江戸まで

鮎は頭から背骨をスーッと抜いて食べる焼き鮎もうまいが、鮎鮨もうまい。鮎鮨は鮎のなれ鮨のことで鮎と塩と飯のみで作る保存食であるが、最近は旅館などでしか食することができない。

江戸時代、尾張藩は、長良川の鵜飼でとれた鮎を岐阜町でなれ鮨に加工して、江戸幕府に献上していた。毎年、五月ころから八月ころまで二〇回程度、岐阜から岐阜街道（尾張街道・名古屋街道）を南下して加納、笠松、一宮、四ツ家の追分（稲沢市）と進み、ここから美濃路に入り、清須、名古屋、熱田とさらに南下して、熱田から東海道で江戸までを、昼夜を問わず四日ほどかけてリレー方式によって合計数一〇〇〇匹の鮎鮨が運ばれていた。毎回、岐阜を夕方出発して、東海道の岡崎宿あたりで夜明けを迎えていたようである。御三家尾張藩の威信を見せつけた恒例のイベントであったのであろうが、外様の富山藩でも神通川の鮎をなれ鮨にして幕府に献上している。また他の藩でも見られた。

さて、かつてこの鮎鮨が通った道を、笠松町では「鮎鮨街道」、岐阜市では「御鮨街道」といっている。笠松町には平成二（一九九〇）年に建立された鮎鮓街道の石碑があり、岐阜市では御鮨街道のルートを、一部を除き黄土色の地道鋪装にして、さらに所々に御鮨街道の案内板を建てている。

しかし、愛知県などで調べてみたが、今のところこれらの名称は出てこない。この二つの名称は、近代になって、それぞれ愛称のようになったようなのである。いずれにせよ、鮎鮨が通った道は岐阜から江戸までであるから「御鮨（鮎鮨）街道」とは、岐阜から江戸までの道を示すとするのが正解であろう。

美濃塩と越中塩の競合区

江戸時代、飛騨の塩は、どこから運ばれてきたのだろうか。ひとつは「越中塩」とか「登せ塩」と呼ばれていた越中方面から、もうひとつは「美濃塩」と呼ばれていた美濃方面から運ばれてきた。

主に瀬戸内海や尾張、三河産の美濃塩は、桑名から舟で運ばれ木曽川の今渡、下麻生で陸揚げされており、また長良川では上有知で陸揚げされ飛騨方面に運ばれていた。

瀬戸内海産の塩であった越中塩は東岩瀬（富山市）から舟で神通川を上り、飛騨（越中）中街道などによって高山に運ばれたが、いずれも陸路は馬方や牛方によって運ばれていった。

塩は、一大生産地の瀬戸内海から、一方は大阪湾から紀伊半島を回り桑名へ、もう一方は下関から日本海沿いに北上して東岩瀬へと、それぞれ運ばれていた。のち加賀藩によって能登塩が増産されると、越中塩の中身は、安永元（一七七二）年ころから能登塩が占めるようになり、毎年春から秋にかけて一万俵ほどの能登塩が飛騨に運ばれてきた。宮峠が越中塩の「塩尻」で、久々野あたりまで美濃塩が優勢といわれているが、高山から益田郡北部あたりが美濃塩と越中塩の競合地域だったという。

他の物資も同様だが、塩の値段には運搬費が加算される。例えば、嘉永六（一八五三）年の越中境の杉原では一升三六文であったが高山では五六文となっている。

信州の塩尻は、糸魚川から「塩の道」といわれた千国（松本）街道で運ばれた「北塩」の終点であったが、これは北塩を松本藩が専売にして、太平洋側から来る「南塩」を藩境で止めていたからである。

塩は越前から奥美濃へ

古く塩は日本各地の沿岸部で細々と生産されていたが、江戸時代になると、瀬戸内海では大規模塩田が開発され、全国各地へ船などによって運ばれるようなり、これらの一部が美濃では太平洋側から、飛騨では日本海側から運ばれるようになった。

飛騨には瀬戸内海産の塩や能登産の塩が、主に越中の神通川沿いの越中街道や、あるいは八尾街道によって運ばれており、美濃には、同じく瀬戸内海産や三河あたりの塩が木曽三川の河川や街道によって内陸まで運ばれていた。

さて、郡上市や関市、本巣市、あるいは揖斐川町の越前との境に接する山間部では、太平洋岸から運ばれてきた塩ではなく、現在の福井県の越前海岸から坂井市あたりの日本海沿岸部で生産された塩や、バイ船とも呼ばれている北前船で運ばれて来た瀬戸内海産だったのである。

このころの塩はさまざまな海産物とともに、九頭竜川の水運や街道などで、福井、大野、池田から現在の冠山峠付近にあった冠山峠越えや、温見《ぬくみ》峠、蠅帽子《はえぼうし》峠、あるいは美濃街道の油坂《あぶらざか》峠から美濃の山間部へと運ばれてきたのである。

つまり、江戸時代のこれらの地域には、越前方面から南下する塩と、尾張、三河方面から北上する塩が、運ばれていたのである。さて、いったいどこの地点が越前から峠越えして日本海側から運ばれてきた塩と太平洋側から運ばれてきた塩との境目、いわゆる塩尻なのであろうか。

JR岐阜駅前にある谷汲山の道標

春の季語に「遍路」がある。四国八十八カ寺巡礼のことのようだが、巡礼は四国八十八カ寺のほかにも、伊勢、善光寺、秋葉山や西国三十三所巡りなどがあった。なかでも西国三十三所は、那智山青岸渡寺に始まり「谷汲さん」と親しまれている谷汲山華厳寺で満願とするものである。江戸時代には多くの巡礼者が三十三カ寺を徒歩で巡っており、満願の寺である谷汲山にたどり着いたときには格別な気持ちになったに違いない。

谷汲山を案内する道標は赤坂（大垣市）をはじめ岐阜県内に多くあるが、JR岐阜駅北口、バスターミナルの中心にある「やすらぎの里」にも「谷汲山　六里」と刻まれた道標がひっそりとある。腰の高さほどの四角い石柱の道標で、明治三五（一九〇二）年に、当時の国鉄岐阜駅前に建立されたものだという。明治二〇年、開業当初、加納ステーションと称していた岐阜駅の場所は、現在の十六銀行本店の東、溝旗公園近くの長住町一丁目あたりにあった。

この場所は、江戸時代の岐阜（尾張）街道や、明治一一年に開通した加納と岐阜を結ぶ、いわば当時のバイパス道路というべき現在の安良田町の通りとクロスしており、新しい乗り物の汽車を利用する巡礼者にとっては、便利な位置となるため道標の設置となったのであろう。

大正二（一九一三）年、岐阜駅は現在地に移転したが、時を同じくしてこの道標も移転しただろうか、汽車から降り立った当時の巡礼者たちは、この道標で距離を確かめ、谷汲山へと足を進めたことだろう。

鉄道池

明治二二（一八八九）年、東海道本線が全線開通した。中でも長良川と揖斐川の間は、天王川、糸貫川、中川、犀川と小さな河川が幾つも流れている水田地帯であった。低地であり大水が出ると、たびたび線路が冠水して汽車が止まることもあったという。

そこで、明治三四年、東海道本線の複線化工事と同時に、この付近の線路を土盛りして高くする工事も開始され、大正二（一九一三）年、完成をみた。その間の明治三九年、高くなった線路上に穂積駅が開業している。

それはともかく、線路を土盛りして高くすると堤防のようになり、いったん大水が出ると、上流側の地域が水かさが増し洪水になる恐れもあったのであろうか、一部は鉄橋のような鉄製の高架となった。さて、線路を土盛りする場合、大量の土が必要となってくる。この時代は、現代のようにトラックで遠方から土を運んでくることは困難で近場で調達しなければならなかったが、近くに土を削るような山もない。そこで線路付近の水田の土を掘って土盛りしたのである。

一方、土が掘られてくぼ地となった場所は、いつしか池となり、「鉄道池」などと呼ばれるようになった。かつては無数にあったが、多くが埋め立てられ、現在では数えるほどしか残っていない。

ＪＲ東海道本線の列車に乗ってみると、穂積駅から揖斐川鉄橋の間、線路に沿うように幾つかの池が点在しているのが分かる。そんな池には、時にはのんびりと釣り人が糸を垂らしている風景も見られる。

鮎は、特急列車で東京へ出荷

明治時代、岐阜市の魚介市場は、上《かみ》とよばれた魚屋町と、中《なか》とよばれていた笹土居町の二カ所にあったが、明治二四（一八九一）年の濃尾地震以後、東海道本線の国鉄岐阜駅近くの長住町付近に形成されていった。もちろん青果も同様であった。

さて、戦後まもない昭和二五（一九五〇）年ごろから、長良川で捕れた鮎が生のまま、岐阜駅から貨物列車ではなく、国鉄から許可を取り特急列車で東京へ出荷されるようになった。

列車への詰め込み作業はネクタイ着用の正装であったという。外国人も乗車している特急列車であったためであろうか。魚介業者が岐阜駅で特急列車に乗り込んで出荷伝票作業を行っていたが、わずかな停車時間では間に合わず列車が発車してしまい、そのまま名古屋駅まで乗車してしまう場合があった。そのため、岐阜・名古屋間の往復切符を購入することもあったという。こうして長住町の魚介市場で競り落とされた生の鮎は、氷を入れた木箱に詰められ東京へと運ばれていったのである。

ちなみに、昭和二四年秋の「へいわ」改め「つばめ」は岐阜発一一時二三分、東京着が一七時であった。岐阜駅から送られた鮎は、当日の夜には東京の高級料亭や料理店で食されたことになる。

しかし、当初は、東京でよく売れたというが、やがて鉄道網の発達に伴い、鮎が全国各地から東京へ運ばれてきたため、岐阜の鮎の値段が落ちていったという。

まだ、保冷技術が未熟で高速道路が出現していなかったころのことであった。

高山本線、待望の開通

明治一八（一八八五）年のことである。高山町会議員の住民平《すみみんぺい》は岐阜・高山・富山間に鉄道馬車を走らせるという構想を提唱したことがあった。まだ東海道本線が全線開通していないころであった。日清戦争直後、鉄道省には岐阜と富山を結ぶ鉄道会社の設立願が一四社から出されていた。これは当時、全国的に「鉄道狂時代」で、資産家たちが鉄道に投資していた時代を反映していたこともあるという。

このような民間鉄道の建設の動きとともに、国有鉄道建設の陳情が飛騨を中心にして盛んに行われた。飛騨は豊富な木材や鉱物を有し、温泉地を控えているとか、軍事的にも太平洋側と日本海側を鉄道で結ぶ必要性があるなどと力説したのである。

結果、大正六（一九一七）年、岐阜・高山を結ぶ高山線が、翌年には富山・高山間を結ぶ飛越線がそれぞれ国会で可決された。岐阜・金山間のルートは関経由や太田から神渕《かぶち》経由、あるいは金山・萩原間は馬瀬経由などと幾つかのルートも検討、議論されたこともあったが、高山線は大正九年に岐阜・各務原間が、昭和三（一九二八）年には金山まで開通し、飛騨の人々念願の飛騨の入り口まで到達した。

一方、飛越線では昭和二年に富山・越中八尾間が開通し、昭和九年一〇月二五日に、高山線と飛越線が接続して高山本線と改称され岐阜・富山間が全線開通となった。

それまで人馬や牛で数日かかって高山に到着していた富山の海産物が数時間で届いたように、高山本線の全線開通は、飛騨各地に多大なる恩恵をもたらしていったのである。

私鉄と高山線つなぐ、特急「北アルプス」

「……確かに、車両の形も、色も、内部も、よく似ていますが、『北アルプス』は、一三時五三分発で、『ひだ6号』は、一四時三二分です。……」

これは昭和六〇（一九八五）年に発表された『特急北アルプス殺人事件』（西村京太郎・実業之日本社）の登場人物、十津川警部の相方、亀井刑事の国鉄（現JR）高山駅前でのセリフである。

当時、国鉄高山本線に乗り入れていた名鉄特急「北アルプス」の車両と、国鉄特急「ひだ」の車両が酷似していたことが、この小説のヒントになったのであろう。

名鉄が国鉄高山本線に乗り入れたのは、昭和七年一〇月八日。最初は名岐鉄道（名鉄）柳橋駅（のち廃止）から名鉄犬山線経由で国鉄下呂駅までである。名鉄新鵜沼駅と隣接する国鉄鵜沼駅の間に連絡線を敷き、高山本線では名鉄の車両を国鉄の蒸気機関車が引っ張った。

さらに、昭和一五年には国鉄富山駅まで延長されたが、戦中、中断となった。しかし、昭和四〇年、ディーゼル車の準急「たかやま」が国鉄高山駅まで乗り入れることで復活をした。

以後、急行に昇格し、さらに飛騨古川駅まで延長、昭和四五年、「北アルプス」と改称して、なんと、地鉄（富山地方鉄道）に乗り入れ、地鉄立山駅まで延長となった。

ちなみに当時、国鉄急行「立山」も地鉄に乗り入れていた。のちに特急「北アルプス」は、地鉄乗り入れを廃止して国鉄富山駅までとなったが、平成一三（二〇〇一）年に廃止されたのである。

第七章　歴史

養老改元の裏に数々の伝承

霊亀三（七一七）年と翌年の二回、時の女帝が不破や養老に行幸されたが、このとき、容姿端麗な若い神主とのラブロマンスがあったという伝承を地元の人から聞いたことがある。

女帝とは、霊亀元年、三五歳で即位された元正天皇のことで、霊亀三年九月、美濃の不破郡から当耆《たき》郡（養老郡）の多度山にある美泉へ行幸された。そして、この年の一一月、「養老」改元の詔《みことのり》が発せられた。これは光武帝の故事という「醴泉は美泉ナリ、以テ老ヲ養フベシ……美泉ハ即チ大瑞ニ合ヘリ」を引き、美泉はめでたいとして、「養老」と改元したのである。

この背景には、朝廷の実権を握っていた左大臣石上朝臣麻呂が霊亀三年三月に死去した後、政権の中枢を担った右大臣藤原不比等と美濃守笠朝臣麻呂が関わっている。首皇太子（のち聖武天皇）は不比等の外孫、皇太子妃の安宿媛（のち光明皇后）は不比等の娘で、美濃介は不比等の四男藤原朝臣麻呂であった。

笠朝臣麻呂は美濃守として美濃から信濃に抜ける木曽路の開鑿《かいこん》、蓆田《むしろだ》郡の設立など着々と実績を重ねていた。安定政権を確立したい藤原不比等と、笠朝臣麻呂による、政治的な思惑も絡んでの元正天皇の養老行幸だったといわれる。笠朝臣麻呂は、この功績で従四位上に昇進し、のち一四年という長期にわたった美濃守から栄転、中央官庁の監督などをつかさどる右大弁となっている。

改元にまつわる政治的な思惑はさておき、元正天皇のラブロマンスなど数々の伝承や、養老の滝がお酒になったという孝子源丞内伝説は、もっと脚光を浴びてもいいだろう。

戦国三国司

建武の中興の後、南北朝時代、飛騨国司として姉小路氏が任命され、一方、幕府方からは飛騨守護として佐々木京極氏が任命された。実際は、飛騨北部が姉小路氏、南部は佐々木京極氏が支配していたという。この時代、姉小路氏のように貴族でこのような国司を任され土着し武将となった例は、伊勢の北畠氏、土佐の一条氏が知られ「戦国三国司」と呼ばれている。

飛騨の姉小路氏は、藤原北家小一条流、参議姉小路高基が飛騨国司に任じられたのに始まる。のち姉小路氏は小島、向小島、古河にそれぞれ拠点を置く三家に分かれたが、そのうち古河姉小路氏では基綱、済継、済俊という歌人、文化人を輩出している。現在のどことなく京風の飛騨の文化は、姉小路時代からだろうかと想像してしまう。

それはともかく、のちに姉小路氏は三木氏によって滅ぼされ、三木氏は姉小路氏と称するようになる。伊勢の北畠氏は、村上源氏の流れで、青野原の戦いのとき、美濃守護の土岐頼遠と戦った北畠顕家が知られている。のちに伊勢の北畠氏は信長によって滅ぼされている。

土佐の一条氏は、五摂関家という家柄のひとつで、初代教房の父一条兼良は、斎藤妙椿の招きで美濃革(川)手に招かれ『ふぢ河の記』を著していることで知られている。一条氏は応仁の乱を避けるため領地があった土佐に落ち着き武家となったが、のち長宗我部氏によって滅ぼされている。

姉小路氏、北畠氏、そして一条氏の三国司は、いずれも、美濃、飛騨に縁があったのである。

秀吉と一夜城

神奈川県小田原市の石垣山（笠懸山）山頂に国指定史跡の石垣山一夜城史跡公園がある。これは天正一八（一五九〇）年、豊臣秀吉が小田原城攻めで築いた城跡である。

秀吉は小田原城から見えないように、城を築き完成させたあと、周囲の立ち木を一斉に伐採し、まるで一夜で築城したように見せたため「一夜城」と呼ばれるようになったという。

また、羽島郡岐南町の町文化財に指定されている伏屋城跡も一夜城と呼ばれている。永禄年間（一五五八〜七〇年）、織田信長の命によって、稲葉山城の斎藤氏に備えて藤吉郎（秀吉）が木曽川上流から筏に組んだ木材で短期間のうちに築城したという。

城とは異なるが、同じく秀吉が築いたという「一夜堤跡」が羽島市にある。天正一二年、徳川家康・織田信雄と対峙した小牧長久手の戦いの折、秀吉が竹鼻城を水攻めするために二・六キロほどの堤を短期間で築いたというものである。

さて、一夜城といえば、墨俣城（大垣市墨俣）は忘れることはできないだろう。永禄九（一五六六）年、構築に失敗した柴田勝家や佐久間信盛に代わって藤吉郎が登場、蜂須賀小六らの協力で木曽川上流から加工した木材を流し、墨俣で組み立てて築城し、城主になったというものである。

もっとも、秀吉の墨俣城築城説は伝承であろうが、史実はともかくとして戦国ロマンは、そう簡単に消え去ることはないだろう。

四度の、天下分け目の戦い

天下分け目の戦いといえば、東軍方、つまり徳川家康が勝利した慶長五（一六〇〇）年の関ケ原の戦いを連想するだろう。しかし、岐阜県においては、四度も天下分け目の戦いがあった。

まず、天武天皇元年・弘文天皇元（六七二）年、大海人皇子と大友皇子が美濃、近江の境付近で戦った壬申《じんしん》の乱である。吉野、伊勢を経て美濃に入った大海人皇子が、美濃の豪族村国連男依らの活躍によって大友皇子の拠点大津京を落としている。現在、関ケ原町には大海人皇子（天武天皇）を祀る井上神社と、大友皇子（弘文天皇）を祀る若宮八幡宮がある。

ついで、鎌倉時代の承久三（一二二一）年、美濃、尾張境の木曽川が主戦場となり、後鳥羽上皇の宮方と鎌倉方が戦った承久の乱である。源頼朝の家系が絶えた後、後鳥羽上皇が挙兵したが鎌倉方が勝利している。鎌倉方は賊軍となり動揺したが、この時、北条政子が涙ながらに檄を飛ばしたという伝承がある。

三度目が、南北朝時代の延元三、暦応元（一三三八）年、青野（大垣市）が戦場となった青野の戦いで、奥州から都を目指して来た南朝方の北畠顕家と北朝方が戦い、南朝方が勝利した。ただ、北朝方は負けたとはいえ土岐頼遠の奮闘で、南朝方は都に向かうことはできなかったといわれ、頼遠は、「青野の戦いは頼遠の功名」と一躍名を上げた。

そして四度目が、関ケ原の戦いなのである。いずれの戦いも岐阜県が主戦場となり、しかも東から西に向かって戦った東軍方が勝利しているのである。

城の石垣の石はどこから？

金華山（岐阜市）をはじめ、飛水峡（加茂郡七宗町）から鵜沼（各務原市）にかけて分布しているチャートという石は硬く火打ち石とか矢じりなどにも使用されたといい、また放散虫などの化石が含まれている。金華山の山頂付近では、このチャートが幾重にも湾曲した茶色の層状となっており、まるで山頂が一塊のごとく見える。

さて、江戸時代の初め、このチャートを使用したのが加納城（岐阜市）の石垣である。関ケ原の戦いで勝利した徳川家康が、東海北陸の諸大名に命じて築城させたものだが、石垣の石は岐阜城で使われた石のほか、新たに金華山南麓の岩戸から切り出したといわれている。岩戸から舟で荒田川を下り、建築現場である加納まで運ばれたのであろう。加納では城のほか、武家屋敷の塀の下に築かれた数段の石垣にも使用されている。現在でも金華山の麓である岐阜公園やその周辺を散策すると塀や生け垣の下に数段のチャートの石垣が見られる。

一方、大垣城の石垣は、白っぽい金生山《きんしょうざん》の石灰岩で築かれている。金生山から切り出された石灰石が山麓の杭瀬川から舟で運ばれただろう。

当時の石垣用の石は、このように地元の山から切り出し運ばれてきたことが分かるが、のちに大坂城では瀬戸内海の小豆島からなどというように遠方から石が運ばれていくようになったのである。

城を訪ねたとき、石垣の石は、どこから運ばれたのだろうかと推測するのも城巡りの醍醐味《だいごみ》だろう。

「天下の姫御前」加納の亀姫

平成二八（二〇一六）年一二月、「加納まちづくり会」の一員として、愛知県新城市の長篠城址史跡保存館を訪れたとき、元館長から「毎年、亀姫さまの命日には加納に行きます」と言われ、驚きとともに感心したことを覚えている。

亀姫は、徳川家康と正室築山殿との間に永禄三（一五六〇）年に生まれた長女で、天正四（一五七六）年、奥平信昌が築いた新城城に入輿《じゅよ》した。夫の奥平信昌は、奥三河の武将で、当初は武田方であったが、信玄の死後、徳川方となり、天正三年、武田軍と織田・徳川連合軍との長篠の戦いの折、徳川方として長篠城で籠城、功をたてた。上野小幡（群馬県）で三万石、のち、一〇万石加納城（藩）主となった。

亀姫は二代将軍秀忠の姉に当たり、天下の姫御前といわれ「加納様」とか「加納太夫」と崇《あが》められ、大名以上の権威があったという。また、男まさりと伝えられ、かつてそんな女性のことを新城では「新城様」、加納では「カメヒメ」とよんでいたという。

加納城の北方には亀姫のために広大な下屋敷があった。それは現在のＪＲ岐阜駅の南の清水川沿いの清水緑地から、名鉄名古屋本線の東にある光国寺あたりまでという広大な範囲であった。のち屋敷跡には亀姫によって光国寺が創建された。亀姫は寛永二（一六二五）年に没したが、墓は加納城の西方にある盛徳寺に、夫の信昌と並ぶようにある。また、亀姫の侍女三人が髪を切り尼となって山上院（岐阜市茜部）を創建、菩提を弔ったという。元館長は、これらの寺に参詣していたのだろう。

朝鮮通信使との交流

江戸時代、楽器を鳴らし旗をたなびかせ、きらびやかな行列があった。それが朝鮮通信使の行列で、李氏朝鮮から徳川幕府へ、将軍の代替わりなどの祝賀などの名目で計一二回行われた。正使、副使のほか通訳、儒学者、医師、武官、楽隊など総勢四〇〇人から五〇〇人ほどに、日本側の警護役の対馬藩や、朝鮮通信使が通る街道沿いの藩の役人などと合わせると一〇〇〇人規模の行列となったという。

朝鮮通信使は漢城を出発し、釜山、対馬から九州、下関へ、そして瀬戸内海を進み、大坂からさらに淀川を上り、陸路で中山道、朝鮮人街道、美濃路、東海道を通り江戸に至った。

朝鮮通信使が通る沿道では、道を清掃し、見苦しい家屋は簾《すだれ》で隠すように指示され、また揖斐川、長良川、木曽川には臨時に舟橋も設置された。

朝鮮通信使に随行していた儒者や医師と面会を求める日本の文化人や医師も多く、宿舎などでは筆談による交流も見られた。大垣の医師北尾春圃は、随員の医師奇斗文と交流している。また揮毫《きごう》や詩を求める人々も多かった。

現在でも、この朝鮮通信使の記録は、沿道の各地に残されている。また、数十年に一度というこの行列の印象が強く庶民に残ったのであろうか、鈴鹿市、津市などの唐人おどりをはじめ、大垣の朝鮮山車（旗、頭、楽器、衣装が現存）、大垣市十六町の豊年踊り（現在、衰退）、羽島市の竹鼻まつりの唐人行列（現在、衰退）などと各地に伝わっていったのである。

二つの「尉殿堤」

岐阜市黒野には、甲斐から黒野に移封してきた四万石の殿様、加藤貞泰が、洪水で苦しめられた領民を守るために長良川に堤を築いた。ところが隣接して加納藩奥平信昌の領地があったため、信昌の正室で家康の長女の亀姫の怒りを買い、亀姫が家康に訴えた。そのため、貞康は堤が完成を見る前に、米子に移されてしまったというような伝承がある。

貞泰は秀吉によって、文禄六（一五九四）年に黒野四万石へ移封。関ケ原の戦いでは、西軍方、のち東軍方となり領地を安堵《あんど》された。のち慶長一五（一六一〇）年に米子六万石、さらに元和三（一六一七）年には大洲六万石と移封されている。

貞泰が長良川に築いた堤は、貞泰が従五位下左衛門尉《さえもんのじょう》という官職だったため「尉殿堤《じょうどのつつみ》」と呼ばれるようになったという。明治四（一八七一）年に描かれたという「尉殿堤修復之上長良川古々川通築切目論見絵図」に、すでに「尉殿堤」と書かれている。かつて尉殿堤があったあたりの岐阜市鷺山の岐阜県立岐阜希望が丘特別支援学校の前には、大きな記念碑が建てられている。

さて、もうひとつ安八町にも尉殿堤がある。清須城主松平忠吉が慶長一二年に没すると、その遺領の一部の氷取、牧、森部などが貞泰の領地となった。慶長一二年ころに起きた洪水のとき、貞泰が地元の説田長介に命じ堤を築かせた。場所は現在の大明神付近といわれ、現在、大明神地内の尉殿堤は、安八町の文化財（史跡）に指定されている。

美濃は尾張藩が支配!?

江戸時代、飛騨は最初、金森氏が高山藩三万八〇〇〇石あまりで支配していたが、元禄五（一六九二）年、幕府領となった。いわゆる天領である。一方、総石高六〇万石の美濃は大垣藩、郡上藩、高須藩、加納藩、苗木藩、岩村藩、高富藩のほか、江戸初期にあった黒野藩など大名領と幕府領、さらには大小七〇家ほどの旗本領に分割統治されていた。

ところが元和五（一六一九）年、徳川御三家のひとつ尾張藩が成立すると、隣国の美濃にも一三万石を与えられ様子が変わる。美濃を支配する大名で第一位となった尾張藩は、岐阜町（岐阜市）に奉行所を、太田（美濃加茂市）に代官所と美濃各地の重要拠点を支配するようになったのである。

さらには、木曽川・長良川などの水運はもとより、小瀬（関市）と長良（岐阜市）の鵜飼漁、それに美濃和紙、東濃や木曽谷の木材など、尾張藩は美濃においてさまざまな権利も取得していた。

鵜飼で捕れた鮎は、なれ鮨にされ尾張藩の進物として江戸の将軍家へ献上された。また東濃や木曽谷から切り出された木材は筏《いかだ》に組まれて熱田に流され、そこから船に積み替えられ江戸まで運ばれていた。さらに加納藩の特産品である和傘の多くが、尾張藩支配の商人によって販売されたという。

もっとも、例えば加納藩三万二〇〇〇石永井氏は、立藩以来、摂津、河内において一万二〇〇〇石の領地があり、また加賀藩は琵琶湖の北岸に、紀伊藩は伊勢にも領地があったように、他国に飛び地のような領地を有する大名の例は多かった。

遠国の大名領が美濃に

映画化された『超高速！　参勤交代』（土橋章宏・講談社）の題材となったのは、実在する内藤氏湯長谷《ゆながや》藩（福島県いわき市）である。

寛文一〇（一六七〇）年、陸奥湯本一万石で立藩、延宝四（一六七六）年に湯長谷城を築城し根拠とした。のち丹波で二〇〇〇石、河内で三〇〇〇石と、それぞれ領地を加増されたが、それでも一万五〇〇〇石の小藩の大名であった。つまり丹波、河内という遠国にも領地があるという状態だった。

さて、内藤氏湯長谷藩のように、遠国にも領地を持つ、湯長谷藩よりも小藩の領地が、美濃の池田郡脛永《はぎなが》村（揖斐川町）と沓井《くつい》村（池田町）にあった。

この藩は備中岡田（岡山県倉敷市）に陣屋を置いた伊東氏岡田藩といい、わずか一万三〇〇〇石であった。一万石以上が大名であったので大名として認められているぎりぎりの石高である。備中に七五〇〇石のほか、河内高安郡黒谷村（大阪府八尾市）四六六七石のうち二七〇石、同教興寺村三一〇石のうち二〇〇石と、摂津豊島郡止々呂美村（大阪府箕面市）三〇〇石、そして美濃の脛永村と沓井村合わせて二〇〇〇石ほどという、根拠地の備中のほか、五カ所に分散して領地があったのである。

美濃の領地の脛永村と沓井村では、地元の豪農を下代官に、村人十数人程度を下級役人の小者として任命していた。いずれにしても陣屋がある備中岡田より遠方であり、藩士を現地に置かない遠隔支配であった。分散して統治している大名領地の例が、ここでも見られたのである。

貴族から大名の家臣へ

「天下の副将軍、中納言水戸黄門」とは、水戸藩二代藩主徳川光圀のことで、従三位権中納言であった。副将軍という職種は江戸幕府にあったかどうかはさておき、中納言とは大臣のやや下位のクラスである。

官位は正一位から少初位まで三〇ほどのランクがあり、三位以上を公卿と呼んでおり、従五位下までは、直接天皇と会えるという身分だったという。五位は国守クラスであった。

武家社会においての官職官位は、公家とは別に大名たちの権威の象徴として用いられていた。江戸時代、多くの大名は四位か五位であり、例えば、加納藩主松平（戸田）光重は従五位下、丹波守となっている。

さて、松平光重の時代、寛文七（一六六七）年、京都から力丸という一〇歳の少年が輿に乗って加納（岐阜市）にやってきた。力丸は、羽林家という摂家、清華家、大臣家の下クラスの貴族であった藤原北家花山院庶流今城定淳の次男として生まれた。母、寧は光重の長女である。力丸はすでに八歳のとき従五位下に叙せられているが、これは祖父光重と同じ官位であった。その母の寧が三三歳の若さで亡くなったために、祖父にあたる光重が手元に引きとったかもしれない。

加納に来た力丸は名を鮎貝主税介と改め、城外に移動するときには輿に乗り、家臣は下座するという貴族としての待遇を受けていた。元服して鮎貝冬親と名乗り、のち貴族の土御門家の娘、艶と婚姻し藩主より新知三〇〇石を賜り戸田姓を拝領、藩主の一族として家臣となった。

貴族の子が大名の家臣となった珍しいケースだろう。

郡代は下級幕臣だった

江戸時代、天領ともいわれていた幕府直轄領が全国各地にあり、代官や郡代を置き支配させていた。テレビの時代劇では悪役にされやすい、あの郡代さま、代官さまである。

高山に陣屋を置いていた飛騨郡代は、飛騨一国と、越前などで一〇万石以上の幕府領を支配しており、笠松に陣屋を置いていた美濃郡代は、美濃、伊勢の幕府領一〇万石ほどを支配していた。

郡代の配下には幕臣の手付《てつけ》、幕臣ではない手代《てだい》がおり、いずれも十手持ちであった。慶応三（一八六七）年には飛騨郡代の下には手付、手代合わせて江戸に一一人、高山に九人、越前本保に八人、合計二八人がおり、同じく美濃郡代の下には江戸に一四人、笠松に一四人、合計二八人置かれていた。

一万石程度の大名でも二〇〇人程度の家臣を抱えていたといい、三万二〇〇〇石の永井氏加納藩では嘉永の頃には三五〇人ほどの家臣がいた。

一方、郡代は、例外はあるものの、おおむね四〇〇俵《ぴょう》という薄給の、原則家督相続ができない御家人クラスの下級幕臣が務めていた。慶応三年では飛騨郡代、美濃郡代とも四〇〇俵だった。

武士とは一〇〇石とかというように年貢が徴収できる知行地を与えられるのが原則であったので、御家人あたりの地位は知行地が与えられず、代わりに米が支給されるという武士より低い身分だった。

しかし、このような身分とはいえ、将軍の名代のような藩主以上の権力や権威があった郡代は、三〇人余りの部下のみで、広大な領地を実にコンパクトに治めていていたのである。

転封は借金残して

江戸時代、三〇〇家ほどあった大名は、幕府によって盆栽のように、いつでも新しい領地に転封《てんぽう》（移動）する状況に置かれていた。加賀の前田氏、尾張の徳川氏などのように、立藩以来明治維新まで転封しなかった大名もあるが、これは結果論であろう。

さて、三河出身の大名戸田松平氏は、江戸時代当初の上野高崎を振り出しに、信濃松本、播磨明石、美濃加納、山城淀、志摩鳥羽と転封を繰り返してきたが、享保一〇（一七二五）年、こんどは再び信濃松本へ転封となった。

幕府からの内示は米の刈り取りシーズンの一〇月だったので、戸田松平氏は収穫前の米を担保に商人から借金をした。しかし、転封先の松本へ督促に行ったものの、結局は返済してくれなかったという。

宝暦六（一七五六）年、安藤氏は美濃加納から磐城平へ転封となり、代わって武蔵岩槻から永井氏が転封してきた。安藤氏の家臣二〇〇人ほどが加納城下の武家屋敷を明け渡して、次の平へ移動となる。このとき、家臣は家族ともども四カ月ほども加納宿に滞在しており、これらの宿泊費は三五〇両にもなった。転封先の平まで督促に行ったが完全には返済してくれなかったという。この転封の時、安藤氏は菩提寺の良善寺を平に移転しているが、寺の建物など施設はそのままにして本尊、過去帳、位牌などを運んでいる。

このように城と武家屋敷は、庁舎と官舎のようなものと理解できようが、大名の転封にあたっては、家臣の転居、菩提《ぼだい》寺の本尊の移動と経費もかかり、大名の「家計」を苦しめていたのである。

加納藩の藩札は傘札

地域通貨とは地域の活性化などの目的を持って、地域限定の紙幣のようなものを発行し、一定のサービスや物品売買など、その地域のルールによって使用されるものである。

江戸時代にも地域限定の紙幣が福井藩や福山藩など二四四藩というほとんどの藩で発行されていた。これは「藩札《はんさつ》」といわれ、発行の目的は現代の地域通貨とは異なり、実態は藩外の決済は金銀で行い藩内では藩札を通用させるという藩の財政悪化を防ぐために講じられた政策なのである。

厚めの長細い和紙に「銀拾匁《ぎんじゅうもんめ》」など金額が書かれた藩札は、有力商人の名前が刷られていた。これはこの商人がいつでも金銀と交換すると保証していた証拠のためである。藩が移封や取り潰《つぶ》しになった場合は、藩札がただの紙切れになってしまうおそれがあったからである。

永井氏加納藩の藩札は、和傘業関係の取引に使用されたため「傘札《かささつ》」といわれたが、藩の財政救済のほか、下級藩士や下級町人の家計の補助にもなっていたという。傘札は、安政六（一八五九）年発行の傘壱本《いっぽん》札、文久元（一八六一）年発行の傘弐本《にほん》札のほか、綛《かせ》糸一五文札、轆轤《ろくろ》三札、轆轤弐札、さらに銭一〇〇文札など、二三万枚も発行されていた。

江戸時代の藩札は、活性化というよりも藩の赤字対策のために発行されていたというように、現代と江戸時代でとは、発行の目的が異なっていた。しかし現在の円、ドル、ユーロなどという紙幣は金銀と交換する担保はなく、国を信用するしかない。現在の紙幣は藩札より信用度が低いかもしれないのである。

あとがき

平成二三（二〇一一）年の夏、ある会合のおり山本耕岐阜新聞取締役（当時）から、郷土がらみのものでと連載を打診された。当初は迷いもしたが、これも岐阜県を改めて学ぶチャンスだと思い承諾した。連載にあたっては、英雄豪傑など著名人よりは、一般には知られていないが懸命に生きる市井の人々に焦点を当てたいと思った。

こうして、この年の一〇月七日から隔週金曜日「みのひだ雑学」の連載が始まった。連載中はときには現地に赴き聞き取り調査をした。取材などでお世話になった方々に改めてお礼申し上げる。

さらに、連載一五〇回あたりであっただろうか、ありがたいことに一冊にまとめたらどうかというご提案があり今回の刊行となった。本書は初回から一五〇回分を適宜、加除を行い収録した。したがって多少、類似する内容もある。どうかお許し願いたい。

本書によって、岐阜県を再認識され、少しでも興味を持って何かの糧にしてくだされば幸いである。

連載中は適切なアドバイスを頂いた箕浦由美子文化部長（当時）、また刊行にあたっては浦田直人岐阜新聞出版室長をはじめスタッフの方々、チャンスを与えてくださった山本耕氏に心よりお礼を申し上げる。

平成三〇年初秋

松尾　一

【主な参考文献】

『日本伝説大系』みずうみ書房／『日本歴史大事典』河出書房新社／『日本国語大辞典』小学館／『大歳時記』集英社／『日本庶民生活資料集成（日本九峰修行日記）』三一書房／『クロニック戦国全史』講談社／『日本伝奇伝説大事典』角川書店／『塩の道を探る』富岡俵八　岩波書店／『日本の塩の道』富岡俵八　古今書院／『増補　和紙要録上巻本論編』竹田悦堂　文海社／『紙の文化事典』尾鍋史彦　朝倉書店／『美濃の和紙』岐阜市歴史博物館／『方言の日本地図』真田信治　講談社／『東海の方言散策』山田達也ほか　中日新聞本社／『図説　歴史散歩事典』山川出版社／『加賀・越前と美濃街道』吉川弘文館／『西国三十三カ所巡礼』新潮社／『新潮日本古典集成（日本霊異記）』新潮社／『復刻日本民謡大観中部編』日本放送協会／『平家の群像』高橋昌明　岩波書店／『総合仏教大辞典』宝蔵館／『支考年譜考証』堀切実　笠間書院／『地図から読む歴史』足利健亮　講談社／『日本全国獅子・狛犬ものがたり』上杉千郷　戎光出版／『神通川と呉羽丘陵』広瀬誠　桂書房／『東海道中膝栗毛』十返舎一九　岩波書店／『十返舎一九集（木曽街道続膝栗毛）』国民図書／『草枕』夏目漱石　岩波書店／『西遊草』清河八郎　岩波書店／『前田慶次と歩く戦国の旅』江澤隆志　洋泉社／『中山道道しるべの旅』稲神和子　柏書房／『敗戦と赤線』加藤政洋　光文社／『京都魔界地図帖』宝島社／『京都・観光文化検定試験公式テキストブック』淡交社／『たべもの日本史総覧』西山松之助ほか　新人物往来社／『日本の紙幣』山口和雄　保育社／『なぜ八幡神社が日本でいちばん多いのか』島田裕巳　幻冬舎／『徳川幕府縣治要略』安藤博　青蛙房／『富山のセールスマンシップ』佐藤和子　サイマル出版／『江戸のパスポート』柴田純　吉川弘文館／『西国三十三カ所巡礼』井上隆雄・田中智彦　新潮社／『街道と宿場』児玉幸多　東京美術／『庚申信仰と伝播と縁起』五十嵐文蔵　小学館／『中世の東海道をゆく』榎原雅治　中央公論社／『諸国神社　一宮・二宮・三宮』渋谷申博　山川出版社／『江戸大名家血族事典』新人物往来社／『将門伝説の歴史』樋口州男　吉川弘文館／『小松市の文化財』小松市教育委員会／『芦原温泉ものがたり』読売新聞福井支局　旅行読売出版社／『城主のおもてなし』犬山城白帝文庫歴史館／『北國街道と脇往還』市立長浜城歴史博物館／『河川のルーツ』上杉喜寿　福井県郷土誌出版研究会／『信長の親衛隊』谷口克広　中央公論新社／『特急北アルプス殺人事件』西村京太郎　実業之日本社／『福井県の歴史散歩』山川出版社／『岐阜県の歴史散歩』山川出版社／『福井県の不思議事典』松原信之　新人物往来社／『福井県の伝説』河合千秋　福井県教科書供給所／『近江中山道』淡海文化を育てる会　サンライズ出版／『近江商人と北前船』サンライズ出版／『海の総合商社　北前船』加藤貞仁　無名舎出版／『絵馬の世界』敦賀市博物館／『今庄の歴史散歩』今庄町／『飛騨の女たち』江馬三枝子　三国書房／『高山祭』山本茂実　朝日新聞社／『宿場と街道』児玉幸多　東京書籍／『関所抜け、女たちの冒険』金森敦子　晶文社／『飛騨つれづれ草』蒲幾美　月書房／『歴史探訪　郡上踊り』高橋教雄／『郡上おどり大百科』郡上おどり保存会／『盆踊り・乱交の民俗学』下川耿史　作品社／『動物の旅〜ゾウとラクダ〜』豊川市二川宿本陣資料館／『信州かっぱ物語』太田正治　信濃教育会出版部／『名古屋鉄道社史』名古屋鉄道／『東海地方の鉄道敷設史』井戸田弘／『飛騨ぶり街道物語』飛騨美濃自然誌調査会　岐阜新聞社／『越中ブリ』北日本新聞社／『鰤のきた道』松本市博物館　オフィスエム／『鰤街道』市川健夫　郷土出版社／『御母衣ダムと荘白川地方の50年』浜本篤史　まつお出版／『美濃路』日下英之　愛知県郷土資料刊行会／『古代の美濃』野村忠夫　教育社／『伊那谷の紙産業』飯田市美術博物館／『二川宿本陣宿帳Ⅲ』豊橋市二川宿本陣資料館／『桴』日本いかだ史研究会／『京都市の地名』平凡社／『岐阜県の地名』平凡社／『角川地名辞典・岐阜県』角川書店／『岐阜県戦後50年世相史』岐阜新聞・岐阜放送／『岐阜県百科事典　上・下』岐阜新聞社／『ぎふ山の生活　川の生活』第14回国民文化祭岐阜県実行委員会　岐阜新聞社／『図説岐阜の歴史』郷土出版社／『図説関・美濃の歴史』郷土出版社／『図説飛騨の歴史』郷土出版社／『図説羽島・南濃の歴史』郷土出版社／『図説多治見・土岐・瑞浪の歴史』郷土出版社／『目で見る関・美濃の１００年』郷土出版社／『ふるさと海津・羽島』郷土出版社／『ふるさと揖斐・本巣・山県』郷土出版社／『写真アルバム　飛騨の昭和』松尾一　樹林舎／『写真集・加納百年』松尾一　郷土出版社／『高山本線』郷土出版社／『岐阜県百寺』郷土出版社／『飛騨百景』小島幸男・義基憲人　高山市民時報社／『岐阜県の桜』石垣和義　郷土出版社／『岐阜県の桜　各地のサクラを訪ねて』石垣和義　郷土出版社／『新版岐阜県の中山道』松尾一　まつお出版／『飛騨の城』森本一雄　郷土出版社／『図説　美濃の城』林春樹　郷土出版社／『美濃民俗』美濃民俗文化の会　郷土出版社／『円空仏入門』小島梯次　まつお出版／『飛騨の年輪・山と民俗』熊原政男　錦正社／『わたしの飛騨高山』江夏美好　風媒社／『口笛と分水嶺』山本耕　岐阜新聞社／『東海北陸を裸にする!?』松尾一　まつお出版／『岐阜は名古屋の植民地!?』松尾一　まつお出版／『北陸街道紀行』松尾一　まつお出版／『飛騨街道紀行』松尾一　まつお出版／『美濃・飛騨の街道』郷土出版社／『歴史の道調査報告書』滋賀県教育委員会／『歴史の道調査報告書』岐阜県教育委員会／『歴史の道調査報告書』福井県教育委員会／『歴史の道調査報告書』富山県教育委員会／『福井県史近現代』福井県／『宮津市史通史編下巻』宮津市史編さん委員会／『武生市史民俗編』武生市／『越前町史正続』越前町／『上松町誌民俗編』上松町／『岐阜県史通史編古代』岐阜県／『岐阜市史民俗編』岐阜市／『岐阜市史通史編近世』岐阜市／『岐阜市史通史編現代』岐阜市／『岐阜市史資料編近世１』岐阜市／『高山市史』高山市／『関市史』関市／『美濃市史』美濃市／『多治見市史』多治見市／『恵那市史』恵那市／『揖斐川町史』揖斐川町／『武儀町史』武儀町／『関ヶ原町史通史編別巻』関ヶ原町／『安八町史通史編』安八町／『加納町史上下』太田成和　加納町史編纂所／『養老町史』養老町／『海津町史民俗編』海津町／『海津町史通史編上』海津町／『金山町誌』金山町／『美濃神戸百年史』神戸町／『川島町史通史編』川島町／『穂積町史下』穂積町／『春日村史』春日村／『美並村史通史編上下』美並村／『恵那郡史』恵那郡教育会／『岐阜町金華のほこり』わいわいハウス金華・岐阜市歴史博物館　わいわいハウス金華／『鏡島の歴史』鏡島の歴史書刊行委員会　岐阜市鏡島校区自治会連合会／『芥見郷土誌』岐阜市芥見公民館／『日置江の歴史』岐阜市日置江自治会連合会／『長森史考』林春樹／『桑原町誌』桑原町誌編集委員会／『松之木町誌』松之木町内会／『ふるさと笠松』ふるさと笠松編集委員会／『わたしたちの春日』揖斐郡西部教育会　春日村教育委員会／『穂積のあゆみ』穂積町教育委員会／『ふるさと琴塚』岐阜市琴塚広報会／『のびゆく本巣改訂版』本巣郡学校教育会／『本巣郡の文化財』本巣郡教育振興会／『山と川に生きた生活再現　手作りの資料館』美並村教育委員会　牧野出版／『長良川鵜飼習俗調査報告書』岐阜市教育委員会／『ぎふ長良川の鵜飼』岐阜新聞社／『長良川鵜飼再発見』長良川鵜飼文化の魅力発信事業実行委員会／『すし』岐阜市歴史博物館／『特別展岐阜市民のくらし１００年』岐阜市歴史博物館／『朝鮮通信使』岐阜市歴史博物館／『不破のあゆみ資料編』不破郡教育振興会／『創立40周年記念誌』岐阜県ＰＴＡ連合会／『加納西小学校創立50年記念誌』加納西小学校／『加納中50年』岐阜市立加納中学校／『学校要覧』揖斐尋常高等小学校／『華南十九年の歩み』岐阜市立華南高校／『ながら改訂版』岐阜市立長良小学校／『創立80周年記念誌』岐阜県立高山高等学校／『斐太高校百年史』岐阜県立斐太高等学校創立百周年記念事業実行委員会／『美濃岩手竹中丹州旅日記』岐阜県古文書研究会／『創立20周年記念誌・年輪』岐阜水産物商業協同組合／『千紫万紅』矢橋ホールディングス　せきがはら人間財団／『見なおしたい、伝えたい　加納』加納景観まちづくり実行委員会／『岐阜県ふるさとの散歩道』岐阜県企画部観光課／『ぎふの文学』岐阜県高等学校国語教育研究会／『ぎふ観光と食文化』丸山幸太郎　岐阜県顕彰研究会／『美濃と飛騨のむかし話』岐阜県小中学校長会／『郡上の昔話・昔の話』和田昌三　一つ葉文庫／『鮎貝家の歴史』大野鵠士／『岐阜県公共図書館の歩み』小川トキ子／『岐阜県副業写真帳』岐阜県副業紹介所／『長良ぶどう発達史』林琢也　長良ぶどう部会／『穂積駅も卒寿』進藤末次／『岐阜県の花　レンゲとその栽培史』土屋卯平ほか／『美濃茶の栽培と加工』岐阜県／『躍進する岐阜県の茶業』岐阜県／『白川茶広野茶誌』白川茶協同組合／『茶と共に歩みて　池田町茶業史』池田町茶業史編集実行委員会／『野と山に生きた坊地の里』松田千晴／『土に生きた羽生の里』松田千晴／『関鍛冶の起源をさぐる』関鍛冶刀祖調査会　関市／『金華山』金華山研究会／『春を待つ鳥たち　私の野鳥記』林武雄／『私の野鳥紀』林武雄／『飛騨の民謡』土田吉左衛門　飛騨郷土学会／『飛騨国府町の民俗』国府町／『古川町歴史探訪』飛騨市古川町編纂室／『くぐのの唄と祭ばやし』久々野町／『宮村の民俗音楽』宮村教育委員会／『高原郷の民謡』ふるさと神岡を語る会／『ひだびとの唄』堀尾雄二／『羽島市の伝説と史談　前編』並河晴夫／『飯地（恵那市）の歴史二』柘植成安／「印度学仏教学研究（中世日本禅宗の逆修とその思想背景）」第五十七巻／「京都産業大学日本文化研究所紀要（鬼門除けに見られる京都の魔除け習俗の研究）」第21号／「岐阜県ＰＴＡわが子の歩み（朝鮮通信使）」３１３号～３１６号／「いなばさん」25号　伊奈波神社／「伊勢民俗」43号　伊勢民俗学会／「郷土研究」48号・62号・１０９号　岐阜県郷土研究協議会／「岐阜県歴史資料館報」20号　岐阜県歴史資料館／「飛騨春秋」48号・１６８号・１７０号　飛騨郷土学会／「川は暮らしを支える　越中の川と文化」廣瀬誠　富山県生涯学習カレッジ本部／「鶏ちゃんガイドブック」鶏ちゃん合衆国／「里山の袋・別冊」郡上市交流・移住推進協議会

ウェブサイト

日本地理学会／名古屋城／名古屋市立橘小学校／名古屋市立桜小学校／養老町／揖斐川町協会／奈良新聞／岐阜新聞／多度大社／一乗寺／十六地域振興財団／みそぎ団子協会ほか

本書は、岐阜新聞に二〇一一年一〇月七日から二〇一七年六月二三日まで連載した「みのひだ雑学」一五〇回分を適宜、加除したものである。

松尾　一（まつお・いち）

1947年生まれ。

号：一歩。

ライフワークは近世交通史。

著書は、『写真集・加納百年』（郷土出版社）、『北陸街道紀行』（まつお出版）、『やっぱ岐阜は名古屋の植民地!?』（まつお出版）、『句集　五臓六腑』（まつお出版）、『岐阜地理・地名・地図の謎』（監修・実業之日本社）、『写真アルバム・飛騨の昭和』（監修・樹林舎）など多数。

みのひだ雑学

発行日	2018年10月1日
著　者	松尾　一
発　行	株式会社岐阜新聞社
発行所	岐阜新聞情報センター　出版室
	〒500-8822
	岐阜市今沢町12　岐阜新聞社別館4階
	TEL　058-264-1620(出版直通)
印刷所	ニホン美術印刷株式会社

価格はカバーに表示してあります。

落丁本、乱丁本はお取り替えします。


ISBN978-4-87797-259-2